Pause thé à la menthe.

DIRECTEURS DE COLLECTION ET AUTEURS
Dominique AUZIAS et Jean-Paul LABOURDETTE

AUTEURS
Ligia LOPES, Yasmina ER RAFASS, Cyrille CHARPENTIER, Marroussia FERRY, Aurélie LOUCHARD, Jean-Paul LABOURDETTE, Dominique AUZIAS et alter

DIRECTEUR EDITORIAL
Stéphan SZEREMETA

RÉDACTION MONDE
Caroline MICHELOT, Morgane VESLIN, Pierre-Yves SOUCHET, Natalia COLLIER, Laureen DUCHESNE

RÉDACTION FRANCE
Elisabeth COL, Tony DE SOUSA, Mélanie COTTARD, Audrey VEDOVOTTO

MAQUETTE ET MONTAGE
Julie BORDES, Delphine PAGANO

ICONOGRAPHIE CARTOGRAPHIE
Anne DIOT assistée de Julien DOUCET

DIRECTRICE DES VENTES
Bénédicte MOULET assistée d'Aissatou DIOP, Sidonie COLLET

RESPONSABLE DES VENTES
Jean-Pierre GHEZ assisté de Nelly BRION

RELATIONS PRESSE-PARTENARIATS
Jean-Mary MARCHAL

PRÉSIDENT
Jean-Paul LABOURDETTE

DIRECTRICE ADMINISTRATIVE ET FINANCIÈRE
Valérie DECOTTIGNIES

DIRECTRICE DES RESSOURCES HUMAINES
Dina BOURDEAU assistée de Sandra MORAIS et Eva BAELEN

COMPTABILITÉ
Jeannine DEMIRDJIAN et Adrien PRIGENT

RECOUVREMENT
Fabien BONNAN assisté de Sandra BRIJLALL et Vinoth SAGUERRE

CITY TRIP MARRAKECH

18, rue des Volontaires - 75015 Paris.
✆ 01 53 69 70 00 - Fax 01 42 73 15 24
Internet : www.petitfute.com
SAS au capital de 1 000 000 € -
RC PARIS B 309 769 966
Couverture : © Olena_Znak
Impression : IMPRIMERIE CHIRAT -
42540 Saint-Just-la-Pendue
Achevé d'imprimer : mars 2021
Dépôt légal : 11/04/2021
ISBN : 9782305043791

Pour nous contacter par email, indiquez le nom de famille en minuscule suivi de @petitfute.com
Pour le courrier des lecteurs : info@petitfute.com

PEFC 10-31-1895

IMPRIMÉ EN FRANCE

BIENVENUE À MARRAKECH !

Est-il encore utile de présenter Marrakech tant ce nom évoque, de par le monde, un symbole d'exotisme oriental ? Son histoire fascinante, depuis sa fondation en 1071, en passant par les dynasties qui se sont succédé et sa montée en puissance sous le Protectorat, tout cela a façonné le paysage et l'esprit de cette cité toujours en mouvement. Dans les années 70, elle deviendra objet de tous les courants artistiques et spot des itinérances de la jet-set, suscitant un engouement touristique et attirant des visiteurs du monde entier, jamais lassés par son charme et son pouvoir d'attraction. Elle n'aura de cesse de se moderniser, sans jamais perdre son identité propre et unique. C'est peut-être ce contraste harmonieux entre tradition et modernité qui la rend si séduisante. La vie de la médina, les artisans et les marchands d'eau, le ballet des calèches soulignent une vie encore simple et traditionnelle. Mais les bars, cabarets et clubs sophistiqués mettent au jour une autre réalité du Maroc, celle du luxe et de la tolérance. Golf, spa, shopping, patrimoine, galeries, cours de pâtisserie, les activités ne manquent pas, quelle que soit la durée de votre séjour. Le climat de Marrakech, ses couleurs flamboyantes sous les rayons du soleil, ses palais, sa gastronomie princière, les neiges de l'Atlas en toile de fond et sa mythique place ne laissent personne indifférent. Mystérieuse Marrakech, qui réserve encore plus de surprises et d'émerveillement à qui sait regarder, écouter, sentir...

Envoyée au Maroc en 1985 pour y créer des circuits, Lígia découvre Marrakech et tombe illico sous le charme. Vadrouilleuse dans l'âme, ses pas la ramèneront toujours ici et elle finira par y poser ses valises. Curieuse et multi-casquette, fan d'images, de mots et d'aventures, elle a trouvé son terrain de jeu dans une ville, dixit l'auteure, plus chaleureuse et passionnante que jamais.

OFFERT **CE GUIDE AU FORMAT NUMÉRIQUE**

Retrouvez cette offre en page 99

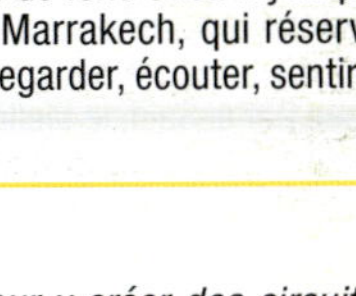

SOMMAIRE

6 LES IMMANQUABLES

23 IDÉES DE SÉJOUR

29 FESTIVITÉS

129 ORGANISER SON SÉJOUR

33 PLACE JEMAÂ EL-FNA ET QUARTIER DES PALAIS

C'est sans doute dans cette zone (le sud de la médina) que vous passerez le plus de temps durant votre séjour. Vous y côtoierez, dans une ambiance unique, porteurs d'eau, charmeurs de serpents, diseuses de bonne aventure, danseurs, musiciens gnaouas et conteurs... La plupart des vestiges des dynasties qui firent la grandeur de Marrakech se trouvent aussi dans cette zone. La Koutoubia, le Palais de la Bahia, le musée Dar si Said, le Mellah, les jardins de l'Agdal, le palais El Badil et les tombeaux Saadiens font partie du paysage.

57 LES SOUKS

Une caverne d'Ali Baba géante ! Les souks pourraient bien affoler vos sens autant que votre portefeuille. Attendez-vous à passer des heures à musarder entre les échoppes, à négocier et comparer les produits entre merveilles et toc kitchissime. Au-delà du shopping, le quartier des souks, c'est aussi un endroit où l'on observe, où l'on se laisse porter par une marée humaine, où l'on découvre le travail des artisans. C'est aussi le quartier de Ben Youssef, avec la mosquée et la medersa éponymes, et le musée de Marrakech, niché dans un somptueux palais.

BAB DOUKKALA

Ce quartier, qui regroupe tout le reste de la médina une fois sorti des souks, de Jemaâ el-Fna et des palais, est une zone populaire, beaucoup moins touristique. Elle ressemble un peu plus à toutes les autres médinas du Maroc. On y voit des poulets vivants prêts à être vendus pour le dîner du soir, des vendeurs de pyjama, de seaux en plastique, des boulangeries, des marchands de fruits et légumes et des habitations en mauvais état. S'y rendre, c'est découvrir un autre visage du Maroc, sans doute plus représentatif du Royaume.

VILLE NOUVELLE

Moins dépaysante que la médina, la ville nouvelle n'en est pas moins incontournable. C'est le coeur moderne de la ville rouge, là où beaucoup de Marrakchis passent 90 % de leur temps. Bureaux, restaurants, logements, bars, boutiques, boîtes de nuit... En tant que touriste, vous arpenterez surtout ce quartier pour faire du lèche-vitrine, visiter le jardin Majorelle ou celui de la Ménara et, surtout, pour profiter de la vie nocturne marrakchie. C'est en effet dans ce quartier, et uniquement dans ce quartier, que l'on trouve les lieux de sortie qui font la réputation de la cité impériale.

PALMERAIE ET AU-DELÀ

Inutile d'aller très loin pour échapper à l'effervescence de Marrakech : on saute dans une calèche pour rejoindre une oasis toute proche, la Palmeraie, prometteuse de balades nature, à pied ou en quad. A une heure de voiture, la vallée de l'Ourika, les cascades d'Ouzoud ou encore l'Oukaimeden sauront vous transporter dans un autre monde, celui plus rustique et authentique des terres berbères. Sans oublier les cadres ressourçants de la campagne et de ses villages dominant les oueds, les oliviers et les fermes safranières. Une diversité de paysages qui ne vous fera pas regretter d'être allé vous perdre hors de la ville.

LES IMMANQUABLES

REPÈRES HISTORIQUES DE LA VILLE

Al-Maghreb al-Aqsa (littéralement « l'Occident extrême » pour désigner le Maroc) a déjà une longue histoire derrière lui lorsque Marrakech est fondée en 1070. Cette histoire remonte à la présence de l'homme attestée il y a 300 000 ans. Elle sera ensuite ponctuée par diverses influences, berbères, atlantes, carthaginoises et principalement romaines pendant l'Antiquité, et arabes au début du VIIIe siècle durant l'islamisation, et enfin, par la fondation de la première dynastie musulmane des Idrissides en 788 à Fès.

Ce n'est que trois siècles plus tard, avec la naissance de la dynastie suivante, celle des Almoravides (1055-1144), berbères nomades portant le *litham* – voile qui caractérise les Hommes Bleus du désert – que sera créée Marrakech. En 1060, Youssef ben Tachfine plante un campement dans la plaine du Haouz, au carrefour des routes de l'Atlas et des pistes caravanières du désert, s'assurant ainsi le contrôle du commerce transsaharien de l'or et des esclaves. Une trentaine

MOI ZINEB, REINE DE MARRAKECH

Zineb fait partie de ce club très fermé des femmes musulmanes qui ont marqué le monde. La légende lui attribue d'être à l'origine de la ville de Marrakech. Zineb Nefzaouia, surnommée la magicienne, était la mythique épouse préférée de Ben Tachfin qu'elle avait épousé en 4e noces. Les rares éléments de l'histoire retrouvée (malgré la pénurie de documents) la décrivent comme une femme engagée, précieuse conseillère de son époux, que rien n'effrayait et qui s'était juré de n'épouser qu'un homme valeureux capable de conquérir un empire.

On dit que c'est elle qui aurait imaginé et conçu les plans de la « perle du sud » que son époux va-t-en-guerre mettrait à exécution lors de son retour de campagne. « Dans ce long espace de lumière, borné d'un côté par les neiges, de l'autre par le feu, tout se transforme en une seconde » : c'est ainsi que la reine décrivait Marrakech, peut-on lire dans un livre qui lui est consacré. Zineb fait assurément honneur au fameux dicton qui ne saurait mentir : « derrière la grandeur d'un homme, se cache souvent une femme… ».

d'années après, Marrakech est une cité fortifiée dont la renommée intellectuelle atteint l'Europe, se positionne comme capitale d'un royaume pacifié et immensément puissant, s'étendant de Saragosse jusqu'au fleuve Sénégal.
Avec l'arrivée de la dynastie almohade en 1147, le prestige de Marrakech s'accroît encore. Si les grands édifices religieux et civils des prédécesseurs sont rasés (« pour purifier »), la Koutoubia est érigée et les remparts, reconstruits et agrandis, atteignent leur longueur actuelle. La ville voit aussi apparaître les jardins de l'Agdal et de la Ménara, une douzaine de palais dans la nouvelle kasbah et la mosquée dite des Almohades. La ville rouge se mue peu à peu en un riche pôle commercial, exportant son cuir, ses bijoux, son sucre et la céramique à travers tout le monde arabe et connaît son âge d'or, devant le cadre d'une brillante vie intellectuelle et artistique.
En préférant Fès à Marrakech, la dynastie Mérinide met cependant un terme à ce développement au XIIIe siècle. La ville restera dans l'ombre pendant près de trois cents ans : il faudra attendre 1529 et l'arrivée des féroces Saadiens pour que Marrakech redevienne la capitale incontestée du Maroc réunifié. Une gloire menée par le sultan Ahmed el Mansour qui durera jusqu'en 1654, et la prise de pouvoir par les Alaouites. Prônant le retour à un islam ferme, austère et pauvre, leur premier geste est d'effacer les traces du luxe de la dynastie précédente : le palais El Badi, encore inachevé, est démantelé et les Tombeaux Saadiens sont emmurés derrière la mosquée de la kasbah. Quelques années plus tard, ils délaissent Marrakech au profit de Meknès. Toutes les dynasties auront sombré dans de ténébreuses révolutions de palais. Et la cité ne retrouvera jamais son rang d'antan, mais conservera, en coulisses, une certaine influence politique.
Au tournant du XXe siècle, la résistance contre la France, officieusement dirigeante du pays, a pour cœur Marrakech. En 1912, le protectorat français se trouve néanmoins installé avec le soutien du puissant Thami el-Glaoui, pacha de Marrakech. Le maréchal Lyautey, nommé premier résident-général du Maroc, s'emploie ensuite à faire perdre à Marrakech son influence au profit de Rabat et Casablanca, villes modernes plus faciles à surveiller. Marrakech amorce alors une lente période de déclin, même si, pour abriter une population expatriée croissante, Lyautey y entreprend en 1919 la construction de deux quartiers distincts : le Guéliz, ville nouvelle européenne, projetée à 2 km au nord de la médina et l'Hivernage, pensé comme son nom l'indique, en tant que zone de villégiature touristique.
Le 2 mars 1956, l'indépendance du Maroc est proclamée par le futur roi Mohammed V avec l'accord des autorités françaises. Cinq ans plus tard, son fils Hassan II lui succède, promulguant la Constitution élaborée par son père. Dans les années qui suivent, de nombreuses cités sont construites pour décongestionner les grandes villes, dont Sidi Youssef ben Ali, gigantesque banlieue de cent mille habitants dans les faubourgs de Marrakech. La ville rouge devient peu à peu un centre touristique de première importance, prend une dimension internationale, jet-setteuse, festive et événementielle. Mohammed VI succède à feu son père sur le trône.

Le jeune souverain met en place de nombreuses réformes pour accélérer le développement du Royaume. Le tourisme est au cœur de cette stratégie et, avec plus de 1,5 million de visiteurs par an, Marrakech s'en révèle un levier essentiel.
Aujourd'hui, la ville rouge est, avec Casablanca et Tanger, l'une des plus dynamiques du pays. Symbole de modernité, elle voit son avenir sous le signe de l'écologie et des énergies renouvelables, d'expansion avec une urbanisation plus contrôlée.

POINTS D'INTÉRÊT

LA PLACE JEMAÂ EL-FNA

Le cœur palpitant de la ville, l'endroit le plus animé de Marrakech, l'une des plus célèbres places du Maghreb, un théâtre à ciel ouvert, chef-d'œuvre reconnu du patrimoine oral et

Place Jemaâ El-Fna.

immatériel de l'humanité en 2001, la place Jemaâ el-Fna est tout cela et bien plus encore.
A l'origine, cette place faisait office de place de Grève : c'est là que l'on décapitait les criminels et que l'on exposait publiquement, sur un mur clouté, les têtes des suppliciés ou des rebelles. De cette cruelle coutume initiée par les Alaouites, la place tient son nom actuel et signifie tantôt Assemblée des Morts, Réunion des Trépassés, ou la place du Néant, selon les interprétations et les traductions...
Une appellation lugubre que plus rien ne justifie aujourd'hui, quoi qu'en disent les conteurs de la place, qui prétendent que, certains soirs, les âmes des suppliciés reviennent hanter ces lieux. Les légendes sont faites pour perdurer.
Jusqu'en 1982, cette esplanade aux dimensions uniques servait de point de départ des grands taxis collectifs et des cars à destination des autres villes du pays. C'était aussi un vaste souk de tout et n'importe quoi. Le marché fut expulsé lorsque la nouvelle gare routière fut inaugurée à Bab Doukkala, et on ne trouve plus guère de traces de cette époque sur la place Jemaâ el-Fna. Seuls les marchands ambulants de colifichets en toc s'y promènent encore en guettant une bonne occasion de refourguer leur marchandise au prix exagéré à quelque touriste naïf et peu averti.
Il faut apprendre à apprécier cet endroit étrange, où règne une atmosphère de Moyen Age, espace un peu théâtral de rencontres, d'échanges, de mystère et de divertissement et de... vols à la tire. Le meilleur moyen de prendre contact avec Jemaâ el-Fna est d'abord de l'observer d'en haut :

grimpez donc sur l'une des terrasses de café-restaurant de la place. Le matin, vers 8-9h, il y a encore peu de monde, mais déjà les roulottes des marchands de jus d'orange s'animent. Les marchands d'épices installent leurs présentoirs. Les vendeurs de fruits et d'herbes rares n'arriveront que plus tard, souvent des bleds et des montagnes environnantes.

Mais le véritable spectacle ne débute que plus tard, en fin d'après-midi. A partir de 17h, les écrivains publics, accroupis à l'ombre de leurs parapluies noirs, peinent sur leurs travaux. C'est aussi l'heure de muser parmi les bateleurs, d'observer les gens, songeurs, en train d'écouter les conteurs évoquer les fabuleux trésors des anciens sultans ou de se faire dire la bonne aventure par des cartomanciennes voilées, de voir évoluer les porteurs d'eau ou d'assister à des shows acrobatiques. Tenter sa chance en misant au bonneteau ou à d'autres jeux d'adresse aux règles alambiquées, admirer les montreurs de singes savants, les charmeurs de serpents, et l'arracheur de dents fait aussi partie de l'expérience… Au fur et à mesure que l'animation devient plus intense, des odeurs de grillades, d'épices et de brochettes de viande s'emparent de la place où viennent s'installer de petits restaurants ambulants. Tandis que le jour décline, les lampes à acétylène des gargotiers illuminent peu à peu la place qui se vide lentement de son peuple. On s'assied alors, en compagnie d'autres affamés, autour d'une sommaire table de bois où l'on déguste une revigorante *harira,* soupe épaisse de pois chiches, un bol d'escargots à la recette tenue secrète ou des brochettes de *kefta*, face à une tête de mouton, délicatement posée sur l'étal ! On est alors soi-même acteur de Jemaâ El-Fna, dont on sent battre la vie avec vigueur.

PLACE JEMAÂ EL-FNA ★★★★

Médina

Accès par la rue Moulay Ismaïl ou par la rue de la Koutoubia.

En venant à pied du palais de la Bahia, d'El Badi ou de Dar Si Saïd, on peut rejoindre la place en empruntant la rue Riad Zitoun el-Jdid (c'est tout droit).

LES SOUKS

Les souks, c'est un tourbillon dans lequel on est aspiré. Ils grouillent de monde partout, tout le temps, de bruits et d'odeurs aussi. Celui des artisans qui s'affairent, des touristes qui se pressent, des livreurs tentant de se frayer un chemin avec leur carriole de marchandises tractée par un âne. On essaiera de vous attirer à coups de « plaisir des yeux », un plaisir souvent avéré, non pas parce que la marchandise est extraordinaire, mais surtout parce que les souks constituent un espace de spectacle, un monde à part, une peinture vivante pleine de couleurs. Certes, à forte dose, cette agitation peut étourdir, enivrer. Monter sur la terrasse d'un café, boire un thé pour sortir de l'agitation quelques minutes se révélera alors fort relaxant. On en redescendra pour s'essayer au sport du marchandage et se laisser emporter par le mouvement. Observer à loisir l'un des quarante mille artisans à l'ouvrage, découvrir ce vieil homme qui travaille le bois dans une échoppe minuscule et avoir un aperçu de ce que pouvait être le Marrakech d'antan.

Car le souk de Marrakech est aussi vieux que la ville elle-même. Construit au XIe siècle par les Almoravides, il fut longtemps le principal point de rencontre des voyageurs et des caravanes en route vers le Grand Sud. Il avait la réputation de receler de trésors rapportés de leurs lointaines expéditions par les chameliers berbères. Il fut aussi le plus célèbre centre de production de tissage et de tannerie du Maroc. Au XVIIIe siècle et jusque dans les années 1930, le souk de Marrakech passait encore pour être la plaque tournante du trafic des antiquités (quel meilleur décor que celui-là pour Indiana Jones qui tente, dans *Les Aventuriers de l'arche perdue*, de retrouver une statuette dérobée par son infâme rival). Aujourd'hui, les souks sont victimes du tourisme de masse, ce qui a fait perdre à nombre de magasins d'artisanat leur authenticité. Mais en s'éloignant des abords de la place Jemaâ el-Fna, en plongeant à l'intérieur de ce dédale de ruelles et de *derbs* protégés du soleil par des lattis de bois, on peut encore trouver de belles pièces et faire des affaires. Autrefois, chaque corporation d'artisans était cantonnée dans une zone. Sous son apparence désordonnée, le souk obéit théoriquement à une structure et à un ordre rigides. Cependant, aujourd'hui, la cohabitation des commerçants ne correspond plus toujours à ce découpage. Par habitude, c'est toujours l'ancien nom des souks qui est utilisé, mais n'espérez pas vous repérer aisément grâce à ces intitulés : souk au cuivre, des teinturiers, Fagharine, des Chouari... Point d'inquiétude : se perdre délibérément, s'enfoncer dans le bruit des marteaux, les cris des rabatteurs et la fumée des fours fait partie du voyage. C'est ainsi, et uniquement ainsi que se vivent les souks. Seule règle à garder à l'esprit lorsqu'on navigue à vue : « Tout ce qui brille n'est pas or ! » Le vieux dicton arabe est ici plus vrai que n'importe où ailleurs.

LE PALAIS DE LA BAHIA

Ce palais digne d'un conte des *Mille et une nuits* mérite vraiment qu'on s'y attarde. Il fut érigé à partir de 1880 par le grand vizir Sidi Moussa pour sa belle (*bahia* signifie « la belle »), sa favorite parmi ses vingt-quatre concubines officielles. La majorité des travaux eut lieu sous les ordres de son successeur Ba Ahmed. Une fois terminé, le palais dépassait en richesse tous les monuments du royaume, et l'on dit que le jeune roi, Moulay Abd el-Aziz, en fut fort contrarié (ce qui explique peut-être qu'il ait ordonné le pillage de la Bahia en 1900 !)
L'ensemble fut construit de façon un peu chaotique (architecturalement parlant) et de plain-pied afin, dit-on, de favoriser les déplacements du grand vizir Ba Ahmed, dont l'embonpoint légendaire rendait les mouvements difficiles. L'architecte local, El-Hadj Mohammed ben Makki el-Misfoui, inspiré par l'art andalou, construisit le palais en plusieurs étapes et le termina au terme de sept ans de travail ; années pendant lesquelles le grand vizir avait fait progressivement l'acquisition des rues et des maisons entourant les 8 ha de la propriété. Comme il fallait bien relier entre elles les nouvelles ailes du palais, la demeure du grand vizir prit l'aspect d'un labyrinthe, sans ordonnancement précis. L'une des salles de réception, aux splendides boiseries en bois de cèdre, fut transformée à partir de 1912 en salle du

conseil par Hubert Lyautey lors de ses séjours à Marrakech. La cheminée fut rajoutée par le maréchal, très frileux, qui aimait à dire que « le Maroc est un pays froid où le soleil est chaud »... La salle d'honneur montre un plafond remarquablement sculpté en bois de cèdre de l'Atlas, peint et enluminé par les plus grands artisans de Fès. La cour d'honneur voisine, pavée de marbre de Carrare et entourée d'un déambulatoire aux colonnes ornées de zelliges, faisait office de harem au temps du grand vizir. Elle donne aussi accès au jardin mauresque planté d'orangers, de cyprès, daturas et jasmins. De ce grand riad, un point de vue superbe permet de découvrir le nord de la médina et les montagnes de l'Atlas. Dans la cour d'honneur, comme dans les patios fleuris (où l'on peut voir les quatre appartements, destinés aux quatre épouses légitimes de Ba Ahmed, dont les portes sont décorées de sculptures en stuc bleu et jaune), se trouvent de multiples vasques à jet d'eau en marbre de Meknès. Les appartements de la favorite, le *menzeh*, décorés de bois peint à fond rouge, séduisent par le charme de leurs patios. Les *moucharabiehs* (croisillons de bois permettant de voir sans être vu) qui ornent la partie supérieure de la pièce sont en stuc et en plâtre, tandis que les vitraux sont faits de verre importé d'Irak. On s'abandonnera aux rêveries pendant cette visite en imaginant ces pièces richement meublées, agrémentées de tapis, de fauteuils, poufs et de canapés chatoyants, de lits à colonnes et de tentures... rêvant d'y séjourner, tels un prince ou une princesse arabe.

PALAIS DE LA BAHIA ★★★

Rue Riad Zitoun Jdid
Non loin de la rue Imam El Ghazali
✆ +212 5 24 38 91 79
www.palais-bahia.com
palaisbahia@yahoo.com
Entrée face au souk des bijoutiers, à côté du restaurant de la Bahia.
Ouvert tous les jours de 9h à 16h30. Entrée : à partir 70 DH par personne. Tarif réduit pour les résidents.

© ROBERTO MARINELLO – SHUTTERSTOCK.COM

A l'intérieur du Palais de la Bahia.

LA MÉDERSA BEN YOUSSEF

Quelle que soit votre connaissance de l'art islamique, le souffle risque de vous manquer à la vue de cette merveille. Assurément l'un des plus beaux monuments de Marrakech, la médersa Ben Youssef fut longtemps considérée comme l'école coranique la plus somptueuse du monde arabe. Lorsqu'on pénètre dans cette large enceinte, par une porte aux lourds battants de bronze, impossible de ne pas être impressionné.
Fondée au milieu du XIVe siècle par le sultan marinide Abou el-Hassan en même temps que celles de Fès, Meknès, Salé et Taza, la médersa Ben Youssef n'était à l'époque qu'une petite école de théologie. Vers 1565, le prince saadien Moulay Abdallah la fit reconstruire et embellir, transformant ainsi ce qui n'était qu'un édifice sans importance en un bâtiment dont la renommée allait franchir les montagnes et gagner les pays voisins. Les chapiteaux de la salle de prière ainsi que le linteau de cèdre sculpté de la porte d'entrée relatent la reconstruction de la médersa par les Saadiens : « J'ai été édifiée pour les sciences et la prière par le Prince des Croyants, le descendant du sceau des prophètes, Abdallah, le plus glorieux des Califes. Prie pour lui, ô toi qui franchis ma porte, afin que ses espérances les plus hautes soient réalisées. » A la fin des années 1960, la médersa, désaffectée, fut fermée aux fidèles et au public. Ce n'est que depuis 1982 que des travaux de restauration permirent aux voyageurs de découvrir ce chef-d'œuvre de l'art marocain. Son architecture, d'inspiration marinide et andalouse, se révèle dans toute sa majesté lorsque le soleil éclaire de ses rayons ce vénérable lieu d'étude et de prière. La décoration des salles est un harmonieux mélange de marbre et de bois de cèdre, de stuc et de mosaïque. L'entrée se fait par un étroit couloir de mosaïques et de poutres. La cour intérieure est un vaste et profond rectangle, dallé de marbre et orné au centre d'un grand bassin à ablutions, extrêmement sobre.
De part et d'autre de la cour, deux galeries déambulatoires pourvues de massifs piliers soutiennent des linteaux de cèdre sculpté. Les murs, hauts de 15 m, sont recouverts, sur leur partie basse, d'une frise de zelliges en faïence verte, rouge et bleue, et de stuc, tandis que la partie haute des murs est garnie de plâtre ciselé. Au fond de la cour, dans l'axe de l'entrée, la salle de prière est protégée des regards profanes par l'un des plus beaux portails ouvragés du Maroc. Divisée en trois parties par deux rangées de fines colonnes, la salle de prière est surmontée d'une coupole en forme de pyramide faite en bois de cèdre. Sur la coupole, vingt-quatre petites fenêtres en plein cintre sont grillagées de stuc ajouré, permettant aux rayons du soleil de pénétrer. Le mihrab est décoré de versets tirés du Coran, sculptés sur plâtre. Au rez-de-chaussée et à l'étage se trouvent les cent trente-deux chambres réservées aux étudiants de la médersa. Elles se succèdent tantôt en enfilade, tantôt par le biais d'étroits couloirs. Un vrai labyrinthe ! A une époque, l'école compta jusqu'à neuf cents élèves entassés dans ces petites cellules donnant soit sur la cour centrale, soit sur les sept patios

intérieurs bordés de balustrades de bois et supportés par de massifs piliers. C'est dans ces chambres que les étudiants vivaient, étudiaient, dormaient et mangeaient. Lorsqu'on les visite, on ne peut s'empêcher d'être transporté dans le passé et ému de se trouver si près de l'intimité de ces étudiants d'un autre temps.

LE JARDIN MAJORELLE

On est très vite envoûté par le jardin Majorelle, autant par la beauté de ses plantes exotiques que par l'inventivité de leur agencement. Ce havre de verdure enchanteur fut créé dans les années 1920 par le peintre français Jacques Majorelle, botaniste et grand amateur de flore. Arrivé à Marrakech en 1917 pour y soigner sa tuberculose, Majorelle parcourut le pays, croquant les scènes de la vie quotidienne, avant de réaliser le plafond du restaurant de l'hôtel Mamounia et d'acquérir cette propriété. C'est autour de son atelier qu'il fera planter les essences les plus rares, endémiques du Maroc ou d'endroits plus exotiques : bougainvillées, bananiers, palmiers, bambous géants, yuccas, philodendrons, géraniums, etc.

A la mort de Majorelle, en 1962, le jardin tomba à l'abandon et devra sa résurrection aux nouveaux propriétaires des lieux : Yves Saint Laurent et Pierre Bergé, ainsi que son ouverture au public. Plus de trois cents espèces de plantes poussent désormais, en terre ou dans d'énormes pots très colorés. C'est d'ailleurs dans le jardin que les cendres du couturier décédé en 2008 ont été conservées. Aux heures chaudes de la journée, le jardin Majorelle se peuple de visiteurs

Jardin Majorelle.

venus chercher un brin de fraîcheur près des innombrables vasques et bassins où s'épanouissent papyrus et nénuphars.

L'ancien atelier de Majorelle, attenant à une pergola meublée dans le plus pur style Art déco et aux murs d'un bleu roi surprenant dit bleu Majorelle, est aujourd'hui transformé en un petit musée d'art berbère, après avoir longtemps été un musée d'art islamique. Dernière adresse Majorelle, à deux pas du jardin, le musée Yves-Saint-Laurent consacré à la vie du couturier sur plus de 4 000 m^2.

JARDIN MAJORELLE ★★★★

Rue Yves Saint-Laurent
Guéliz
✆ +212 5 24 31 30 47
www.jardinmajorelle.com
info@jardinmajorelle.com
Ouvert tous les jours à partir de 8h (sauf Ramadan, à partir de 9h). Entrée à partir de 70 DH.

LES IMMANQUABLES

SE PERDRE DANS LES RUELLES DE LA MÉDINA

C'est dans la médina que palpite intensément le cœur de la ville, que les souks s'animent, que les odeurs captivent, que le pittoresque explose... La médina est un véritable monde à part où tout est organisé sous des airs chaotiques. Vaste de 600 ha et prévue pour cent mille habitants, elle abrite, selon le ouï-dire, plus d'un million de personnes. Difficile de connaître les chiffres tant le recensement relève ici de l'anarchie. Quant au spectacle qu'elle offre, c'est à l'aube qu'il se livre dans toute sa splendeur. Lorsque les rues sont encore désertes, que les habitants n'ont pas encore aspergé le sol et que la poussière se soulève. Le silence dans la médina vaut bien la peine qu'on se lève aux premiers rayons de soleil. Une fois que la rue s'anime, que les marchands ambulants s'installent, que les livreurs remplissent leur tâche, que les guides mènent leurs groupes, que les enfants sont en route pour l'école et que les bazaristes étalent leurs trésors, la déambulation est autre, le contact humain devient intense, les mains se serrent de toute part, les voix s'élèvent, les mobylettes pétaradent, les marchandages commencent et l'agitation s'installe. En parcourant la médina, on peut aussi être témoin de sa complexité, tomber sur de vrais marchés de rue quand les paysans des périphéries viennent y vendre leurs produits ou leurs récoltes. Un autre vaste espace, ignoré des touristes, est très actif, celui des fabriques et des ateliers, où opèrent ébénistes, ferronniers ou artisans de pharmacopées. Les vendeurs d'osier, de beignets, de bonnets tricotés ou les mendiantes cachant leur visage pour éviter d'être reconnues, font aussi partie de cet espace-temps. Impossible d'affirmer que l'on a visité Marrakech si on ne s'est pas laissé entraîner dans le dédale des ruelles. Oubliez votre plan et laissez votre instinct vous mener où bon lui semble, au gré du vent. Vous découvrirez fatalement une ambiance singulière et véritablement populaire. Et lorsque vos jambes feront preuve de lassitude, asseyez-vous dans une laiterie pour vous désaltérer d'un jus de fruits fraîchement pressé, ou dans quelque café où vous pourrez déguster des cornes de gazelle en sirotant un thé à la menthe. Vous goûterez ainsi, en même temps qu'à ce petit plaisir, à des instants du quotidien de milliers de Marrakchis et au charme inaltérable de cette ville.

LES JARDINS DE LA MÉNARA

Avec son bassin monumental, cette vaste oliveraie centenaire de 90 hectares offre une promenade exceptionnelle lorsque le soleil se couche, et plus qu'agréable en journée lorsque la chaleur se fait écrasante.
De nombreuses légendes courent sur l'histoire du bassin de la Ménara : certains conteurs de la place Jemaâ el-Fna vous affirmeront qu'il recouvre l'endroit où l'Almoravide Abou Bekr, fondateur de la ville, enterra le fabuleux butin amassé au cours de ses campagnes ; d'autres évoqueront un vaste cimetière où reposent les ossements des maîtresses du cruel sultan Moulay Ismaïl (on dit que, chaque soir, le sultan quittait son palais de la médina pour se promener sur les bords du bassin au bras de sa favorite avant de la précipiter dans les eaux sombres du plan d'eau...). La fonction originelle

© ADEJ ZUPANCIC – ISTOCKPHOTO

Jardin Ménara à Marrakech.

du bassin était cependant moins romanesque. Creusé au XIIe siècle par les Almohades, il était destiné à stocker l'eau des pluies ainsi que celles en provenance des proches montagnes, drainées grâce au système des *khettaras*. Dans ces eaux calmes se reflète le pavillon de la Ménara, construit par les Saadiens et remanié en 1866. Sa toiture pyramidale tranche avec l'architecture marocaine classique, que l'on retrouve pourtant dans le grand balcon à balustrade. Du haut de ce balcon, la vue est magnifique. On peut rester de longues heures à admirer le paysage, avec, en toile de fond, les montagnes, surtout lorsque ses cimes sont enneigées. Un lieu empli de poésie, très prisé par les habitants qui viennent y pique-niquer le week-end.

JARDINS DE LA MÉNARA ★★★
Route de l'aéroport
Avenue de la Ménara
www.jardin-menara.com
contact@jardin-menara.com
A 2 km de Bab el-Jdid. De la Koutoubia, prendre le bus n° 11.
Ouvert tous les jours de 9h à 17h. Entrée libre. Baignade interdite.

S'ESSAYER À LA VIE NOCTURNE MARRAKCHIE

Si de nombreux visiteurs choisissent Marrakech pour découvrir l'emblématique Jemaâ El-Fna, les souks, la Bahia et ce passé qui constitue l'attraction première de la ville rouge, d'autres ne daignent pas mettre le pied en ces lieux et viennent exclusivement à Kech pour profiter de sa vie nocturne. Le week-end, Casablancais et Rabatis aisés font 3 à 4 heures de route direction la fiesta sous toutes ses formes : danser dans les clubs, se poser dans ses bars branchés, ou même simplement louer un vaste appartement dans la palmeraie avec des amis et y jouer au poker. Même si ce côté jet-set fêtard ne vous attire pas particulièrement, il serait dommage de repartir de Marrakech sans l'avoir expérimenté.

La vie nocturne fait indéniablement partie de l'identité de la ville et ne pas y goûter vous empêchera de comprendre tout à fait sa complexité. Enfilez vos plus beaux atours, sortez vos lunettes griffées et rendez-vous dans la ville nouvelle ou à la Palmeraie, c'est là que tout se passe. Boîte de nuit géante ou restaurant stylé, à vous de choisir. Attendez-vous à découvrir une « faune » bien différente de celle peuplant la médina et à oublier le niveau de vie de certains habitants. D'ailleurs, la note peut être salée ! Si vraiment ce n'est pas votre tasse de thé, considérez cette soirée comme une étude anthropologique. Vous serez surpris de tout ce que vous pourrez apprendre sur la société marocaine en observant la vie nocturne de son élite. Pour ceux dont le fait de se trémousser rebute, de nouvelles adresses viennent d'ouvrir leurs portes, avec une ambiance plus intimiste et des sets de DJ. Vous retrouverez nos bons plans dans la rubrique « Sortir ». Toutefois, ne perdez pas l'idée que la prostitution existe et constitue un fléau, certains clubs sont minés par ce genre de public qui semble plus travailler que s'amuser.

La Koutoubia.

LA KOUTOUBIA

Ce chef-d'œuvre emblématique de l'art hispano-mauresque du XIIe siècle domine la ville de son minaret surmonté par un lanternon, lui-même couronné de quatre boules en cuivre doré de diamètre décroissant. Difficile de passer à côté de cette tour sans la remarquer et on dit que la Koutoubia constitue le point de repère idéal pour s'orienter. Son nom fait référence aux libraires (*koutoubiyin*) qui installaient jadis leurs éventaires à ses pieds. L'intérieur de la mosquée, à la fois lieu de culte et école coranique, est réservé aux musulmans, comme toutes les mosquées au Maroc. On se contentera donc d'admirer le minaret de 77 m, aussi haut que les tours de Notre-Dame, assis sur un banc du jardin qui entoure le site ou depuis la terrasse de l'un des nombreux cafés de l'avenue Mohammed V ou encore de la place Jemaâ el Fna. La fréquentation et l'animation, tout autour, y sont intenses à toute heure.
Depuis huit siècles, la Koutoubia fait l'orgueil de Marrakech. Lors de la prise de la ville par les Almohades, en 1147, le sultan Abd el-Moumen entreprit de rétablir une doctrine ferme de l'islam et de doter sa nouvelle capitale d'une mosquée symbolisant ce rétablissement des valeurs. La mosquée, dont le premier oratoire fut achevé en 1157, était un vaste édifice en T comprenant seize nefs perpendiculaires au mur de la qibla. Les travaux furent rapides, un peu trop sans doute et peu de temps après l'inauguration, la mosquée n'eut

pas l'heur de plaire aux théologiens musulmans ! Abd el-Moumen la fit raser (et châtia son architecte !) et commença l'édification d'un second monument pour corriger l'orientation de la salle de prière en direction de La Mecque. Les deux ouvrages coexistèrent probablement pendant quelques années. Récemment, des fouilles entreprises ont mis au jour les vestiges de l'édifice initial et révélé les fondations de colonnes soutenant un toit et d'un ancien palais que l'on peut voir aujourd'hui sur le parvis. La seconde Koutoubia, la plus vaste mosquée du Maghreb à l'époque (90 m sur 60 m) fut achevée en 1199. Elle présente d'intéressantes similitudes avec celles de Damas et de Cordoba et peut accueillir 20 000 fidèles. Lorsque le soleil se couche, la Koutoubia, se découpant sur le ciel orangé, offre son plus beau spectacle.

LA KOUTOUBIA ★★
Avenue Mohamed-V, au niveau de la rue de la Koutoubia
Au croisement de l'avenue Mohamed-V, de la rue de la Koutoubia et de la rue Fatima-Zahra.

TESTER LES BIENFAITS DU HAMMAM

Le hammam, c'est le secret beauté des femmes marocaines, une expérience à ne surtout pas manquer ! Tout d'abord, il possède une fonction sociale capitale. Chacun s'y rend non seulement pour se laver, mais aussi pour discuter, négocier et prendre des nouvelles. Traditionnellement situé à proximité des mosquées, il représente encore la purification indispensable avant la prière collective. De plus en plus de hammams haut de gamme ouvrent leurs portes, mais l'expérience est moins authentique que le hammam traditionnel de quartier qui vous immerge dans le quotidien. À vous de choisir ! Généralement, un hammam est composé de plusieurs pièces, de la moins chaude à la plus chaude. Les Marocains ne sont pas du tout pudiques entre eux (hommes et femmes séparés, bien sûr), mettez-vous donc à l'aise et profitez du moment sans pudeur. Munissez-vous du kit indispensable pour un bon hammam : petit tabouret (que vous pouvez louer à l'accueil), savon noir, appelé savon *beldi* (en vente partout), gant de crin (*el-kiss* ou *kissa*), *ghasoul* (l'argile merveilleuse dont on s'enduit tout le corps et les cheveux après le gommage) et shampooing. N'oubliez pas les petites claquettes en plastique. Vous trouverez tout le matériel au souk ; profitez-en pour vous renseigner sur un bon hammam de quartier auprès des Marocaines qui sauront vous conseiller. La plupart des femmes se font le gommage entre elles, ou font appel à une *tiaba*, une frotteuse professionnelle, qui s'en chargera. Vous en ressortirez avec une peau de bébé ! Un petit thé à la menthe bien mérité sera proposé à la sortie du bain. L'on comprend que les Marocains soient très attachés à leur bain hebdomadaire ! Tous les produits employés sont végétaux, et vous aurez sûrement envie d'y retourner. Messieurs, n'hésitez pas vous aussi à profiter des bienfaits de ce soin. Libre à chacun de préférer les hammams haut de gamme, avec des soins dispensés dans des spas plus onéreux où tout est fourni et pensé, il n'en reste pas moins qu'ils sont aussi très agréables.

QUARTIER DU MELLAH

A l'est de la kasbah et de Berrima, s'étend le Mellah, quartier singulier de la ville rouge qui mérite amplement une étape. Dès 1558, la population hébraïque de Marrakech fut rassemblée dans cette zone de 18 ha sur ordre du sultan saadien Moulay Abdallah, qui appréciait moyennement les mélanges de population et de religion. C'est à lui que l'on doit aussi la création (éphémère) d'un quartier des mendiants et des lépreux. Avant l'indépendance, il abritait 16 000 personnes. La plupart des juifs quittèrent le Mellah pour les autres villes du Maroc sous le règne des Saadiens mais, aujourd'hui, une petite communauté juive se rassemble encore régulièrement autour des synagogues de ce quartier. Trois souks couverts se tiennent quotidiennement dans le Mellah : le souk aux épices, le souk aux vêtements et aux tissus (tissus pour confectionner les djellabas et tissus d'ameublement) et le souk aux bijoux, l'un des plus célèbres de Marrakech. Il se trouve dans une petite cour rectangulaire, de l'autre côté de la rue Riad Zitoun el-Jdid, face aux deux autres souks. Une soixantaine de commerçants exposent fibules berbères, colliers d'ambre, de corail et d'argent ainsi que diverses variétés de bijoux en or. Autrefois, le souk des bijoutiers du Mellah de Marrakech était l'une des plaques tournantes du trafic d'or et de bijoux dérobés aux quatre coins du globe. Depuis les années 1930, le souk des bijoutiers s'est assagi et les marchandises sont dûment contrôlées. Les prix, qui bien sûr ne sont pas fixes, tournent autour de 120 DH le gramme d'or de dix-huit carats. A voir, rien que pour le plaisir des yeux.

© SÉBASTIEN CAILLEUX

Petit marché du quartier du Mellah.

QUARTIER DU MELLAH ★

On arrive au Mellah en quittant la place des Ferblantiers par la droite, c'est-à-dire en tournant le dos au palais El Badi et en laissant le minaret de la Koutoubia sur sa gauche : on débouche alors dans la rue Riad Zitoun el-Jdid.

LA PALMERAIE

La Palmeraie était autrefois le fleuron de Marrakech, une véritable oasis de verdure au contraste saisissant avec les tons ocre de la ville impériale. S'il ne reste plus grand-chose de la luxuriante végétation s'étendant jadis au pied de la cité, l'endroit conserve un charme certain et offre de très belles vues au coucher du soleil. 150 000 palmiers peuplent encore les 13 000 ha de la palmeraie, mais de façon très clairsemée, entre les cultures de produits maraîchers, de blé, d'orge ou de maïs et les enclos aux murs de pisé. Autrefois, la palmeraie était alimentée en eau par le système des *khettaras,*

© IRABEL8 - SHUTTERSTOCK.COM

Palmeraie.

ingénieuse technique d'origine perse. Ces puits à ciel ouvert, reliés entre eux par des kilomètres de canalisations, amenaient l'eau de la nappe phréatique à fleur de sol, sur une pente douce patiemment creusée par des milliers de puisatiers jusqu'aux montagnes voisines. Le système fut inauguré par les sultans almoravides, fondateurs de Marrakech et de la palmeraie. S'il fonctionnait tant bien que mal au XIe siècle, il est plus qu'aléatoire aujourd'hui, la plupart des 350 khettaras qui ont subsisté étant asséchés à plus de 80 %. L'irrigation est aujourd'hui devenue un problème majeur. Une association fut créée en 2006 pour sauvegarder et développer la palmeraie de Marrakech. L'un de ses principaux objectifs était de replanter 430 000 palmiers dattiers dans les dix prochaines années. Si les différents aménagements n'ont pas eu le résultat escompté, un véritable effort a été entrepris pour redonner un nouvel éclat à cette emblématique oasis qui demeure l'un des quartiers les plus huppés de Marrakech avec ses villas et hôtels grandioses.

LA PALMERAIE
Pour vous y rendre, quitter la médina par Bab Doukkala en direction de Fès. Le circuit, long de 22 km, est indiqué et débute quelques kilomètres plus loin sur la gauche.

RESTO

Tout le monde sait que Marrakech est une ville qui explose de couleurs... et de parfums ! D'une manière générale, la cuisine marocaine millénaire, réputée pour sa richesse et sa finesse, aura connu différentes influences, syrienne, espagnole, berbère, africaine et juive ; la base reste la même (tajine, couscous, pastilla) et s'agrémente d'épices en tout genre qui font que la cuisine devient alchimie. Si on se trouve à Marrakech, c'est l'occasion rêvée de goûter à la fameuse tanjia marrakchia, véritable institution propre à la ville, sorte de ragoût de jarret de veau gorgé de saveurs que l'on fait mijoter durant sept heures dans une jarre en terre cuite dans le farnatchi (four) du quartier.

Un délice incomparable ! La gastronomie marrakchie réserve d'autres délicieuses surprises, qu'elles soient sucrées, salées ou les deux en même temps. Les Marrakchis sont de fins gourmets, et un séjour à Marrakech n'est habituellement pas l'occasion de penser à un régime amincissant ! Le repas marocain se compose d'entrées qui laissent place dans un second temps à plusieurs plats très élaborés, sans oublier le dessert, un défilé de mets tous aussi succulents les uns que les autres. Pour les Marocains, manger est toujours une joie et une fête ! A Marrakech, on trouve des lieux où se restaurer pour toutes les bourses. Traditionnellement, les gens reçoivent à la maison. La réputation nocturne de la ville rouge est largement alimentée par ses restaurants. Aller dîner, c'est sortir, et les Marrakchis soignent toujours leur look. La décoration des établissements se révèle elle aussi souvent très recherchée. Les tarifs ne sont pas forcément élevés, même pour une cuisine gastro ; ce qui fait gonfler la note, c'est surtout le vin et les alcools (théoriquement interdits aux musulmans au Maroc et donc surtaxés). De nombreux restaurants sont aussi des espaces de fiesta pour les Marrakchis, la musique y est forte, les propositions culinaires pas forcément intéressantes et à des tarifs plutôt élevés ; ce sont souvent des endroits à la mode, fréquentés par des jeunes au pouvoir d'achat élevé. À l'inverse, il est facile de trouver des restaurants à l'ambiance feutrée où les plats sont dignes d'une cuisine gastro à des prix abordables, de quoi profiter de l'aubaine ! Comme en France, on dîne vers 20h, et la plupart des restaurants branchés ouvrent uniquement le soir. Pour les lieux populaires, venez comme vous êtes, mais n'espérez pas pouvoir manger après 21h30-22h. Vous y trouverez toujours le même menu : kefta (boulettes de viande), brochettes, tajine (viandes et légumes cuits à l'étouffée dans un plat recouvert d'un curieux chapeau) et couscous que l'on consomme traditionnellement le vendredi. Parfois des entrées sous forme d'olives ou de poivrons, et, bien sûr, le traditionnel thé à la menthe pour digérer. Les Marrakchis sont aussi très friands de pieds de veau, têtes de mouton, tripes, d'abats en général, des plats plutôt gras que l'on retrouve partout au Maroc, mais beaucoup plus communément à Marrakech. Si vous voulez déguster cette cuisine rustique et atypique, rendez-vous sur la place Jamaâ el-Fna, grand restaurant à ciel

LES MEILLEURES TABLES

Si vous voulez mettre vos papilles en éveil et rendre heureux le gourmet qui sommeille en vous, c'est sans conteste dans ces restaurants qu'il faut vous rendre.

DAR YACOUT
79, rue Sidi Ahmed Soussi
MARRAKECH
✆ +212 5 44 38 29 29

PALAIS SOLEIMAN
54, boulevard du 11-Janvier,
Kaa el Machraa, MARRAKECH
✆ +212 5 24 37 89 62

ouvert. Les Marocains vous diront tous que c'est leur mère ou leur tante qui cuisine les meilleurs plats grâce à un tour de main qu'on se passe d'une génération à l'autre. C'est en effet souvent dans les foyers que l'on trouve la nourriture locale la plus raffinée. Mais Marrakech est touristique, et c'est un atout : pour répondre à la demande des visiteurs amateurs de bonne chère, de nombreux restaurants marocains ont ouvert en optant pour une cuisine fusion aux influences françaises, voire même asiatiques. Certes, il faut faire son choix, mais parmi ceux-là se cachent de vraies découvertes gustatives. Trid, mchermel, amlou, ras-el-hanout, zaalouk, et que dire de toutes les sortes de pains, crêpes et beignets... cette subtile cuisine n'aura bientôt plus de secret pour vous.

SHOPPING

Marrakech est une ville à tentations multiples : les Marocains sont des spécialistes dans l'art de la maroquinerie (logique), objets de décoration, sacs à main, bijoux, antiquités, produits d'artisanat de qualité. Impossible d'y résister ! Au vu de la qualité et du cachet de certains objets, il n'y a pas de regret à se laisser séduire, à condition de disposer d'un peu de temps et de ne pas hésiter à marchander, c'est la règle du jeu dans les souks. N'importe où dans la médina, les prix ont tendance à chuter de 10 %, 20 %, 30 %, voire 50 % quand on maîtrise cet art. Toutefois la politique à ce niveau variant d'une maison à l'autre, certains commerçants pratiquent de vrais prix fixes (en général négociables à concurrence de 10 %), tandis que d'autres annoncent un prix de départ pouvant être dix fois plus élevé que la valeur réelle de l'objet. Renseignez-vous sur les prix pratiqués avant de débuter vos négociations. N'oubliez pas que l'essentiel est d'être satisfait de votre achat. Quoi qu'il en soit, une fois le barrage des pseudo guides et autres revendeurs de camelote dépassé, vous pourrez trouver de véritables merveilles à des prix très abordables.

Les magasins regorgent dans la médina, mais ils ne sont pas pour autant absents du Guéliz. Tout dépend du type d'achats que vous comptez effectuer. Dans la médina, ce sont plutôt des bazaristes à qui vous aurez à faire. Au Guéliz au contraire, les boutiques chics ou les concept-stores (dans une gamme de prix plus élevée) se succèdent, les prix y sont affichés et jamais négociables. Le quartier de Sidi Ghanem fait aussi beaucoup parler de lui. Dans cette zone industrielle située à 15 minutes du centre en voiture, le long d'une rue se trouve une grappe de show-rooms tendance où s'approvisionnent hôtels, riads, mais aussi des particuliers soucieux de leur décoration intérieure et de l'art de vivre. Vous y trouverez bougies, mobilier, articles de décoration, vêtements de créateurs locaux et artisanat à des prix plutôt justifiés vu l'originalité de certaines pièces.

Aussi tentant que puisse être l'artisanat marocain, n'achetez rien les premiers jours. Regardez, touchez, observez les différences d'un artisan à l'autre (et d'une boutique à l'autre). Sans devenir un expert, vous ferez mieux la distinction entre la boîte en thuya faite à la va-vite – donc pas chère – et celle, à la finition soignée, qui continuera à vous plaire une fois l'euphorie des achats dissipée.

SORTIR

Si vous venez à Marrakech pour sortir ou faire la fête, vous allez trouver votre bonheur. La ville rouge est connue des fêtards du monde entier pour son effervescence nocturne. Certes, il ne faut pas s'attendre à débarquer à Ibiza, mais vous pourriez bien vite oublier que vous êtes en terre marocaine une fois franchi le pas de la porte d'un des restaurants ou des clubs « hype » de la cité impériale.
Pour passer la soirée ou la nuit, c'est sans conteste dans la ville nouvelle que tout se passe, principalement dans les quartiers du Guéliz et de l'Hivernage. Le quartier de la Palmeraie est aussi très fréquenté par les fêtards et par la jet-set du monde entier. L'ambiance est au branchouille et au m'as-tu-vu. Lunettes griffées, vêtements de marques et portables dernier cri sont de la partie. A voir par pure curiosité si l'on n'adhère pas, mais à vivre dans tous les cas : Marrakech ne serait pas Marrakech sans cette touche si particulière. Du mercredi au samedi, les nuits sont animées, mais c'est surtout les vendredis et samedis soir que la vie nocturne bat son plein, lorsque R'batis et Casawis descendent spécialement pour se joindre à la fête. Attention, quand les Marocains sortent, ils ne le font pas à moitié : exit les jeans-baskets. Peu importe où vous vous rendez, si vous voulez faire « couleur locale », il faut vous mettre sur votre 31. A Marrakech, ce ne sont pas les physio mais les prix qui font la sélection. Souvent outrageusement élevés, ils assurent aux Marocains aisés de rester entre eux, dans leur groupe social. Prévoyez donc pour vos sorties un budget équivalent à ce que vous dépenseriez en France avec à la clé, néanmoins, des prestations de bien meilleur niveau.
On se rend en boîte de nuit vers 1h du matin, comme partout dans le monde, et si on veut une table, il faut appeler vers 19h pour la réserver avec une bouteille.

LES LIEUX LES PLUS « IN »

Si vous voulez faire partie de la crème, côtoyer le temps d'une soirée les Marocains les plus branchés, ceux qui connaissent le beau monde, pas de doute, c'est là qu'il faut vous rendre :

LE BAROMÈTRE
Guéliz, Rue Moulay Ali
MARRAKECH
✆ +212 5 24 37 90 12

LE SKY LOUNGE
Hivernage, MARRAKECH
✆ +212 5 24 42 42 42

SO LOUNGE
Rue Haroun Errachid
Hivernage
MARRAKECH
✆ +212 6 56 51 50 09

IDÉES DE SÉJOUR

MARRAKECH POUR LA PREMIÈRE FOIS

Marrakech constitue une parfaite échappatoire très exotique, et une escapade de deux à trois jours garantit un dépaysement total, avec à la clé la certitude de rentrer conquis et sous le charme. Marrakech, sa médina et ses avenues modernes se découvrent facilement à pied. Ni trop grandes ni trop petites, les distances sont raisonnables et tout peut se faire en se baladant ou en taxi sur des petits trajets peu onéreux. De plus, les transports en commun (notamment la compagnie *Alsa)* sont assez efficaces et pourront vous mener facilement là où vous le souhaitez, on peut même se connecter au wifi dans les bus !

Pour une première découverte de la ville, l'idéal est de se loger dans l'un des nombreux riads de la médina, au plus près de la place Jemaâ el-Fna. Ils sont tous plus séduisants et confortables les uns que les autres ; traditionnel, moderne, oriental ou funky, voire même un vrai palais, le choix est vaste. Un week-end de deux jours reste très court et frustrant pour découvrir tout le patrimoine de Marrakech, néanmoins, ce sera suffisant pour s'imprégner de la magie de la ville et en découvrir l'essentiel... avant de revenir.

© PAVLIHA

Marché nocturne sur la Place Jemaâ El-Fna.

JOUR 1 : JEMAÂ EL-FNA, LES SOUKS ET LE PALAIS DE LA BAHIA

Matin. Allez prendre le petit déjeuner sur l'une des terrasses qui bordent la place Jemaâ el-Fna et prenez un café au mythique Argana. C'est le meilleur endroit pour prendre contact avec l'agitation matinale de l'esplanade. Une fois rassasié, approchez-vous de la Koutoubia et faites un petit tour dans ses jardins. Il est temps à présent d'entrer dans le cœur de Marrakech : les souks sont à vous. Ouvrez grands vos yeux et votre curiosité, promenez-vous sans but et appréciez le spectacle.

Déjeuner. Vous pouvez opter pour un sandwich sur la terrasse du Café des Epices en plein cœur de la médina, ou encore un restaurant branché de la médina, Le Nomad Café. Tous deux sont situés sur la place des Epices.

Après-midi. Dirigez-vous vers le Palais de la Bahia pour une plongée dans les *Mille et une Nuits*. Ensuite, perdez-vous dans les ruelles du Mellah, respirez les senteurs chaudes des épices et laissez les vendeurs vous expliquer les vertus des différents produits. Après cette visite, une pause au Kosy Bar sur la place des Ferblantiers pour un thé à la menthe et quelques pâtisseries sera bien méritée.

Dîner. Après être repassé par votre hôtel, car un peu de repos sera nécessaire pour découvrir la vie nocturne marrakchie, rendez-vous à nouveau sur Jemaâ el-Fna. Faites un tour, musardez entre joueurs de bento, conteurs et diseuses de bonne aventure. L'atmosphère diffère totalement de celle du matin… Une fois votre curiosité repue, installez-vous à une gargote qui vous tend les bras. Sur une grande table tenue par quelques tréteaux, vous goûterez keftas, brochettes, salades et abats, escargots, spécialité marocaine à ne pas manquer pour les amateurs. Les basiques de la cuisine marocaine pour quelques dizaines de dirhams et ce, dans une ambiance inimitable où lumières, sons et odeurs n'en finissent pas de vous enivrer…

Soirée. Rendez-vous dans un des restos-bars branchés de la ville nouvelle pour boire un verre. Le Kechmara ou le Comptoir Darna vous attendent. Si le cœur vous en dit, continuez la soirée au Theatro pour apprécier le spectacle, danseurs, cracheurs de feu, ou testez l'adresse festive de Guéliz, le Factory'z.

JOUR 2 : QUARTIER BEN YOUSSEF, GUELIZ ET HAMMAM

Matin. Direction le cœur de la médina. La médersa Ben Youssef, magnifique école coranique datant du XIVe siècle, sera votre première étape. Ce joyau découvert, il serait dommage de ne pas jeter un œil à la mosquée Ben Youssef et à la Qouba Almoravide, dernier vestige de la dynastie éponyme, qui se trouvent à deux pas. Le musée de Marrakech voisin mérite aussi une visite. C'est un magnifique palais qui vous donnera un bon aperçu de la dextérité et du savoir-faire ancestral des artisans marocains. Les amateurs de photographie se rendront au Musée de la Photographie qui se trouve dans le quartier. Si vous désirez déjeuner sur place, une jolie terrasse vous attend : les Terrasses de Medersa juste à côté de la médersa Ben Youssef.

Déjeuner. Si vous prévoyez de déjeuner dans la nouvelle ville ou si une envie de boire un verre de vin vous prend, direction le quartier moderne du Guéliz. Les restaurants ne manquent pas, qu'ils soient français, marocains ou italiens, la Trattoria, Bagatelle ou le Grand Café de la Poste vous ouvrent leurs portes. Les bâtiments Art déco disparaissent progressivement. Il faut se rabattre sur l'architecture contemporaine : notez le superbe Théâtre Royal dessiné par Charles Boccara et la moderniste gare ferroviaire.

Après-midi. Promenade dans le jardin Majorelle, autour de ses bassins apaisants parmi trois cents espèces de plantes dont les parfums vous chatouilleront agréablement les narines. Visite du musée Pierre Bergé des Arts Berbères situé dans le jardin et des boutiques chics du 33 Majorelle à proximité. Vous pourrez aussi visiter le nouveau musée Yves-Saint Laurent qui rend un vibrant hommage au couturier, à seulement quelques mètres du Jardin. À pied, rejoignez les abords de la place du 16-Novembre pour faire un peu de lèche-vitrine à Guéliz. Entre le boulevard Zerktouni et la rue de la Liberté, vous trouverez boutiques, concept-stores, grandes enseignes internationales et galeries d'art. Après tous ces efforts, un hammam sera bien mérité. Choisissez l'une des adresses recommandées dans le guide dans la médina ou la ville nouvelle et laissez-vous envelopper par les vapeurs brûlantes avant un bon gommage. Avec pourquoi pas un petit massage en prime ?

Dîner. Un peu de gastronomie marocaine au menu. Le Tobsil, Dar Yacout ou Palais Soleiman vous laisseront sans nul doute un souvenir mémorable de cette cuisine unique. Les petits budgets pourront se tourner vers le restaurant Oscar Progrès ou encore Pepe Nero dans la médina à 10 minutes de la place.

Soirée. Pour finir la journée en beauté, faites le tour des remparts et de la ville en calèche, plus romantique, ça n'existe pas.

JOUR 3 : QUARTIER DE LA KASBAH, JARDINS DE LA MÉNARA ET PALMERAIE

Matin. Direction le sud de la médina dans le quartier des Palais. Visite des Tombeaux Saadiens, puis du Palais Badi. Remontez ensuite vers le nord de la médina pour vous promener dans ses ruelles et faire quelques achats. Eloignez-vous des artères touristiques pour découvrir l'autre visage de la médina. Puis, si le cœur vous en dit, faites à nouveau un tour dans les souks.

Déjeuner. Au cœur de la médina, à deux pas de la mosquée Mouassine, se trouve la plus vieille habitation de la médina, Dar Chérifa aujourd'hui restaurée, elle fait office de restaurant et de café littéraire. Rendez-vous dans le quarter Laarouss pour tester la nouvelle adresse *beldi* rustique de la médina, La Ferme, une halte reposante et une carte avec des produits bio ! L'occasion de déjeuner dans un cadre absolument unique.

Après-midi. Rejoignez les jardins de la Ménara et offrez-vous une promenade digestive dans cette immense oliveraie. Montez sur le balcon du pavillon de la Ménara et restez un moment à humer l'air. Profitez de la vue sur le bassin, la ville et, au loin, les cimes de l'Atlas, peut-être enneigées si c'est l'hiver.

Ensuite, direction la Palmeraie que vous découvrirez à cheval, en dromadaire, à vélo ou en side-car, selon votre envie et votre budget. L'idéal est de finir la promenade au moment du coucher du soleil, lorsque les palmiers se découpent à l'horizon. Si vous désirez rester dîner à la Palmeraie dans un cadre somptueux, choisissez le Palais Ronsard, ode au luxe et à la beauté.

Dîner. Pour votre dernier dîner, vous pouvez opter pour l'élégance et la gastronomie avec le Pepe Nero. Autre possibilité, un dernier repas au Nomad Café pour profiter de l'ambiance magique de Marrakech avec une vue imprenable sur la médina.

MARRAKECH SHOPPING

Matin. Tout d'abord, un tour au Centre artisanal de l'avenue Mohammed-V. Les prix y sont fixes et les produits de bonne qualité. Un bon stop pour se faire l'œil en toute tranquillité, même si les prix sont supérieurs à ceux des souks. Puis, direction les souks. Verres à thé à Bab Ftour, Taddelakt à Souiket Leksour, tapis à Dar el Bacha, etc. En s'enfonçant bien dans les ruelles et en négociant âprement, on est certain de ressortir avec de bonnes affaires.

Déjeuner. Au Jardin ou chez Max&Jan, au cœur des souks, pour repérer de la terrasse le panier en osier avec lequel vous allez repartir.

Après-midi. Prenez un taxi du côté de Jemaâ El-Fna et filez à Sidi Ghanem. Dans cette zone industrielle, vous trouverez des showrooms de créateurs (linge de maison, photophores, vaisselles, ferronnerie, objets décoratifs, etc.) Hôteliers et particuliers branchés y affluent. Arpenter cette longue rue en long et en large vous ayant sans doute ouvert l'appétit, rendez-vous à la pâtisserie Amandine, rue Mohammed Al Béqal. C'est l'heure d'un thé à la menthe et quelques macarons ou douceurs et profitez-en pour en acheter quelques-uns à emporter. Vous êtes dans l'une des meilleures pâtisseries de Marrakech, ça serait dommage de ne pas en profiter. Une fois le nez dehors, vous êtes en plein cœur du triangle d'or du shopping dans la ville nouvelle. Faites du lèche-vitrines de la rue de la Liberté au boulevard Zerktouni, vous découvrirez des petites adresses fort originales (L'Orientaliste, Place Vendôme, André le Chapelier, etc.) et même quelques galeries d'art.

Dîner. Pour terminer cette journée shopping en beauté, rendez-vous au Café du Livre, à deux pas de la rue de la Liberté. Vous pourrez y acquérir quelques livres neufs ou d'occasion en rapport avec le Maroc ou non, puis les feuilleter dans un fauteuil tout en vous restaurant.

MARRAKECH BRANCHÉ

Matin. Pour bien commencer la journée, un petit tour dans un hammam-spa de la ville nouvelle ou de la médina, pour un petit savonnage-gommage-massage qui vous fera le plus grand bien. Une fois décrassé, en route pour le quartier des créateurs de la Médina, au Souk Chérifa en-dessous de la Terrasses des Épices. Vous trouverez de nombreuses boutiques de créateurs branchés et tendance. Les passionnés de mode et de haute couture ne pourront s'empêcher de jeter un coup d'oeil sur la dernière collection de Fadila El Gadi, boutique qui se tient à la Galerie le « 10 » à Guéliz.

Déjeuner. Vous pouvez choisir de vous restaurer au sein de la Médina au Souk Kafé ou encore au Limoni au nord de la médina du côté de Bab Tarzout, vous pouvez aussi opter pour un déjeuner dans la nouvelle ville. Deux bonnes adresses, le Loft ou le Kilim. Le premier s'apparente à un bistrot parisien et propose une bonne cuisine française, le second, plus décontracté, dispose de beaux espaces, d'une terrasse et d'une déco toute rouge.

Après-midi. Direction la piscine du Nikki Beach ou la Plage Rouge, confortablement installé sur un énorme lit blanc, puis barboter tout en écoutant le DJ mixer les derniers tubes à la mode. Pour un après-midi piscine plus tranquille, nous vous conseillons Le Bled sur la route de l'Ourika. Vous pourrez siroter un cocktail au bord de la piscine et profiter du calme de ses jardins.

Dîner. Pour souper, le Comptoir Darna est une valeur sûre avec sa décoration design alliant styles orientaux et occidentaux. Les amateurs de cocktails se rendront au Baromètre pour tester les préparations goûteuses du barman. Pour finir la soirée sur de l'électro, direction L'Envers pour un dernier verre !

Soirée. Boîte de nuit connue pour être la plus grande d'Afrique, le Pacha reçoit régulièrement en résidence de grands DJ comme David Guetta, Laurent Wolf ou David Vendetta. Vous pourrez vous y déhancher jusqu'aux petites heures de la nuit. Si vous cherchez la dernière adresse branchée, direction le Raspoutine ou le Mariinski, du côté de la palmeraie. Si vous préférez une ambiance plus spectaculaire avec danseuses et cracheurs de feu, le Theatro ou l'Epicurien feront votre bonheur.

MARRAKECH AVEC DES ENFANTS

Matin. D'abord, déjeuner et promenade à Jemaâ el-Fna. Les charmeurs de serpents fascineront vos bambins qui céderont sans doute aussi à l'envie de s'approcher des dresseurs de singe pour caresser l'un de leurs compagnons. Puis tour des remparts en calèche pour se sentir comme princes et princesses. De retour sur la place, prenez la rue Prince Moulay pour vous installer dans une laiterie. Pour 10 à 15 DH, on peut vous faire n'importe quel jus de fruits frais et même les panacher. Laissez vos enfants choisir leurs parfums ! Attention, les laiteries servent des pintes de jus, mieux vaut partager le verre avec votre petit si vous ne voulez pas que ce demi-litre de vitamines lui reste sur l'estomac. Pour digérer tout ça, balade dans les souks. Les enfants adorent découvrir cette ambiance si particulière et tous ces objets exotiques, à condition de ne pas s'y éterniser.

Déjeuner. Sandwich au Café des Epices au cœur des souks, brochettes chez Chegrouni ou cuisine marocaine sur la terrasse panoramique du Zeitoun, pour une vue imprenable sur la place Jemaâ el-Fna.

Après-midi. Deux possibilités : balade dans les arbres (accrobranche) à Terres d'Amanar ou piscine et toboggans au parc aquatique Oasiria. Pour finir la journée, une balade en dromadaire dans la palmeraie devrait réjouir vos petits. Pour une fin d'après-midi plus tranquille, vous pouvez vous rendre au Jardin El Harti du côté de la nouvelle ville près de la poste centrale, un énorme jardin urbain doté de jeux pour enfants et de dinosaures en guise de toboggan.

Dîner. Retour sur la place Jemaâ el-Fna pour dîner dans l'une de ses gargotes. Le côté « cantine en plein air » séduira vos enfants, et si on s'en tient aux brochettes bien cuites et au pain, point de risque pour leur estomac.

VISITES GUIDÉES

Lorsqu'on dispose de peu de temps, les visites guidées à la demi-journée ou à la journée permettent de voir l'essentiel en un temps record. Il faut alors passer par une agence qui constitue des groupes et fournit un guide francophone. L'avantage est justement de se laisser mener par ce guide, car dans les sites historiques au Maroc, on trouve peu d'informations. La visite des ruines du palais El-Badi ou des Tombeaux Saadiens, par exemple, prend une autre dimension selon qu'on ait des explications ou que l'on soit seul sans la moindre référence historique. Certaines visites n'ont que peu d'intérêt si l'on ne connaît pas les secrets du lieu. Sur le plan négatif, vous êtes obligé de suivre un rythme qui n'est pas forcément le vôtre, et le guide ne vous fera rien faire que vous n'auriez visité vous-même. Sur une journée, le parcours classique comprend Jemaâ el-Fna et les souks, la Koutoubia, le palais Bahia, les Tombeaux Saadiens, une balade en calèche et, si le temps le permet, les jardins de la Ménara.

ALSA BUS TOURISTIQUE
153 Sidi-Ghanem, Menara,
route de Safi
✆ +212 5 24 33 52 70
www.alsa.ma
Compter environ 190 DH pour les deux circuits, valable 48h.
Une navette touristique propose un parcours de 18 arrêts à travers Marrakech ; le principe est de s'arrêter dans les quartiers que vous désirez visiter et rejoindre la navette pour continuer le parcours.

MARRAKECH VUE DU CIEL

CIEL D'AFRIQUE
Appartement 17, 3e étage
Avenue Abdelkarim El Khatabi, Guiliz
MARRAKECH
✆ +212 5 24 43 28 43
www.cieldafrique.info
contact@cieldafrique.info
A partir de 2 050 DH par personne pour un vol en montgolfière classique d'1 heure.
Découvrir Marrakech en montgolfière, ça vous dit ? Comptez 2 050 DH pour un vol de 1 heure (mais la sortie dure 5 heures). Daniel et toute son équipe vous prennent en charge à votre hôtel. Le départ se fait au nord-est de la Palmeraie au lever du soleil. Spectacle grandiose !

FESTIVITÉS

Marrakech est une ville vibrante toujours en mouvement, qui ne se satisfait pas, bien au contraire, de sa seule réputation de Porte du désert, de sa place principale, de ses animations folkloriques et des monuments glorieux témoins de son passé. Marrakech aime son patrimoine, mais aime aussi le réinterpréter à l'aune de la modernité, le mâtiner d'influences variées, de découvertes culturelles et d'un modernisme parfois en avance sur son temps. C'est à travers les événements qu'on rencontre les personnes qui, en souterrain, façonnent l'âme de Marrakech. Ainsi, les occasions de se rendre dans la ville rouge sont très nombreuses et tous les goûts sont à la fête : Marrakech est une ville pluraliste ! Laissez-vous tenter par le Festival des Arts populaires ou transporter par le joyeux Festival du Rire, dont le succès ne se dément pas depuis ses débuts en 2011. Plus artistique, la Biennale de Marrakech ou encore le Festival de danse On marche, sans oublier les nombreuses galeries d'art. Plus sportif ? Il y a le marathon et les rallyes ! Plus glamour ? Le tapis rouge du grandiose Festival du film vous attend... Faites votre choix, la programmation est large !

JANVIER

MARATHON INTERNATIONAL
4 Dar talib Daoudiat
✆ +212 5 24 31 35 72
www.marathon-marrakech.com
marathonmarrakech@gmail.com
42 km de parcours entre Palmeraie, Guéliz et les remparts de la médina. Un grand événement pour la ville.

FÉVRIER

1-54 MARRAKECH CONTEMPORARY AFRICAN ART FAIR

www.1-54.com/marrakech
info@1-54.com
Un début d'année placé sous le signe de l'art, c'est ce que promet cette Foire de l'Art Contemporain Africain qui est devenue un rendez-vous dédié à la promotion de l'art et qui pose désormais ses valises chaque année à Marrakech. C'est la somptueuse Mamounia qui sert de cadre à l'événement, mais rencontres, échanges et expositions sont aussi au programme hors des murs de l'hôtel.

MARS

BEAT HOTEL FESTIVAL

Route de l'Ourika, Fellah Hôtel
www.beat-hotel.com
Billets de 900 DH à 1 200 DH pour les 4 jours.
Dans le cadre champêtre du néanmoins stylé hôtel Fellah, entre ville et montagne, se déroule le Festival Beat Hotel assurant 4 jours de liesse, avec un programme mêlant de la musique, des concerts et des DJ sets, des projections artistiques, mais aussi des rencontres culturelles. Des poétesses, des figures de la scène électro ou encore des pionniers de l'acid-jazz, voire des maîtres gnawa, les styles sont éclectiques et ravissent les festivaliers. Unique au Maroc !

ON MARCHE – FESTIVAL INTERNATIONAL DE DANSE

anania.association@gmail.com
En mars.
Une plate-forme de rencontre qui cherche à faire découvrir la création chorégraphique contemporaine venant de divers horizons. L'enjeu est ici d'investir les rues, de rencontrer un public plus large et de donner une visibilité à de jeunes artistes qui interrogent leur société à travers le corps et la scène. Ateliers, projections et débats sont au programme pour cette rencontre chorégraphique dorénavant très attendue chaque année.

FESTIVAL INTERNATIONAL DE LA MAGIE

Généralement en mars.
A Marrakech, au Théâtre royal, sur la place Jemaâ el-Fna mais aussi dans de nombreux recoins de la médina, des magiciens acrobates et contorsionnistes se présentent devant des milliers de visiteurs pendant 3 jours.

PRINTEMPS DE LA POÉSIE

Guéliz
www.if-maroc.org
Mars.
L'institut français organise des événements dans le cadre de cette manifestation internationale.

TRANSMAROCAINE

www.transmarocaine.org
contact@transmarocaine.org
En mars chaque année.

AVRIL

FESTIVAL DU LIVRE

Le Kitab Bleu
2 Douar Abiad
www.festivaldulivredemarrakech.com
Dates à consulter.

La dernière édition en date du Festival du Livre de Marrakech s'est tenue en mars 2019. Ce festival littéraire parrainé par Patrick Poivre d'Arvor est devenu un rendez-vous incontournable de l'actualité culturelle de la ville. Autour de conférences, de séances de dédicaces, mais aussi d'ateliers de calligraphie, le but est d'ouvrir la littérature française et arabophone à tous les publics. Les auteurs Ghizlaine Chraibi et David Foenkinos ont régalé le public de leur présence pendant trois jours sous le signe d'une littérature festive et conviviale. La pérennité de l'événement est à envisager, mais les dates sont à consulter.

MARRAKECH DANSE FESTIVAL

✆ +212 6 61 15 96 28
www.marrakechdancefestival.com
Un festival dédié à la danse. Ateliers, conférences et rencontres sont organisés. Différentes formules sont proposées avec ou sans hébergement. Les intervenants et professeurs spécialisés en danse urbaine viennent du monde entier.

MARRAKECH GRAND PRIX

www.marrakechgrandprix.com
y.moumane@marrakechgrandprix.com
Dates à consulter sur le site. Pass tribune de 500 DH, pour 2 jours. Gratuit pour les enfants de moins de 10 ans.
Le plus prestigieux des événements en matière de sport automobile d'Afrique, le Marrakech Grand Prix se déroule traditionnellement en avril, sur le circuit Moulay El Hassan qui a déjà 11 ans. Un spectacle haut en couleur tant sur la piste que dans les paddocks. Une bonne dose d'adrénaline pour les amateurs de bolides et de courses de vitesse.

MAI

SISMIX

www.winamax.fr/sismix
support@winamax.fr
Fin mai.
Un festival de poker à Marrakech. D'autres activités sont programmées, consultez le site internet pour plus d'informations. Le festival se tient dans des lieux différents selon les années.

JUIN

AWALN'ART – RENCONTRES ARTISTIQUES INTERNATIONALES DES ARTS DE LA RUE

Sidi Moussa Tasseltante
www.awalnart.com
grainesdesoleil@hotmail.com
Les dates peuvent changer d'une année à l'autre. Spectacles gratuits.
L'art de rue est à l'honneur pour ce festival qui investit les places publiques de Marrakech. La programmation invite des compagnies d'Europe et d'Afrique et propose des spectacles gratuits sur plusieurs jours. À l'image des formes de représentation typiquement africaines, on retrouve conteurs, souffleurs, compagnies de cirque, de théâtre et de musiciens.

JUILLET

FESTIVAL MARRAKECH DU RIRE

www.marrakechdurire.com
info@marrakechdurire.com
Fin juin-début juillet en fonction des dates du Ramadan. Billets en vente via le site internet ou à la Fnac.

Créé par le comédien et humoriste Jamel Debbouze en 2011, ce festival regroupe sur 5 jours des artistes français et marocains dans plusieurs salles telles que l'Institut français, le Théâtre royal ou le palais El Badi. Devenu un événement incontournable de la Ville rouge, le Marrakech du rire s'impose petit à petit comme LA réunion des spécialistes francophones du one-man-show. Grâce à sa programmation audacieuse qui mélange jeunes artistes talentueux et acteurs expérimentés, ce festival propose le meilleur de la scène marocaine et française. Jamel Debbouze est en train de réussir son pari : faire de Marrakech la ville de la comédie et du rire.

SEPTEMBRE

FESTIVAL INTERNATIONAL DE SALSA

www.salsacongress-marrakech.com
contact@salsacongress-marrakech.com

Consulter les dates sur le site. Soirée seule : entre 25 et 35 €. Différents Pass entre 65 et 160 €.

Quatre jours de spectacles, fêtes, ateliers et démonstrations salsa à la Palmeraie. Avec les meilleurs artistes salsa internationaux.

OASIS FESTIVAL

www.theoasisfest.com

Mi-septembre, comptez 200 euros le pass week-end et 99 euros la soirée.

C'est au sein du domaine The Source, un hôtel de luxe qui développe un concept original basé sur le luxe et la musique, que le rendez-vous est donné (l'établissement dispose d'un studio d'enregistrement et accueille des artistes en résidence). Au programme, électro – Nicolas Jaar et d'autres pointures de la scène électro – et farniente. Des navettes sont prévues depuis le centre-ville.

DÉCEMBRE

FESTIVAL DES RENCONTRES ET MUSIQUES SOUFIES

Traditionnellement organisé en octobre mais les dates peuvent changer.

Colloques, expositions et concerts pour découvrir le soufisme, ce mouvement spirituel mystique musulman. Les événements ont lieu dans les mausolées, zaouias, palais et jardins de Marrakech.

FESTIVAL INTERNATIONAL DU FILM

Palais des Festivals
✆ +212 524 43 24 93
www.festivalmarrakech.info
contact@festivalmarrakech.org

Consulter le site pour les dates et le programme.

Un grand festival qui se veut carrefour des cinématographies mondiales chaque année depuis 2001. Durant cet événement très attendu, une pluie de stars se donnent rendez-vous à Marrakech.

De grands noms tels que Robert de Niro ou Robert Redford vont à la rencontre du public. Pendant une semaine, entre fin novembre et début décembre, un programme très étoffé de films projetés gratuitement aux quatre coins de la ville fait le bonheur des cinéphiles.

PLACE JEMAÂ EL-FNA ET QUARTIER DES PALAIS

Palais de la Bahia. © DEENAZ – SHUTTERSTOCK.COM

IMMANQUABLE DANS CE QUARTIER

- La place Jemaa el Fna, ses gnawas et ses conteurs, spectacle permanent à ciel ouvert.
- Le palais Bahia, petit bijou d'architecture arabo-andalouse merveilleusement conservé.
- La Koutoubia, mosquée emblématique qui se dresse avec fierté depuis le XIIe siècle.
- Les tombeaux Saadiens, mausolée de la dynastie bâtisseuse ayant régné à l'âge d'or.
- La Place des Ferblantiers qui donne accès au Mellah.

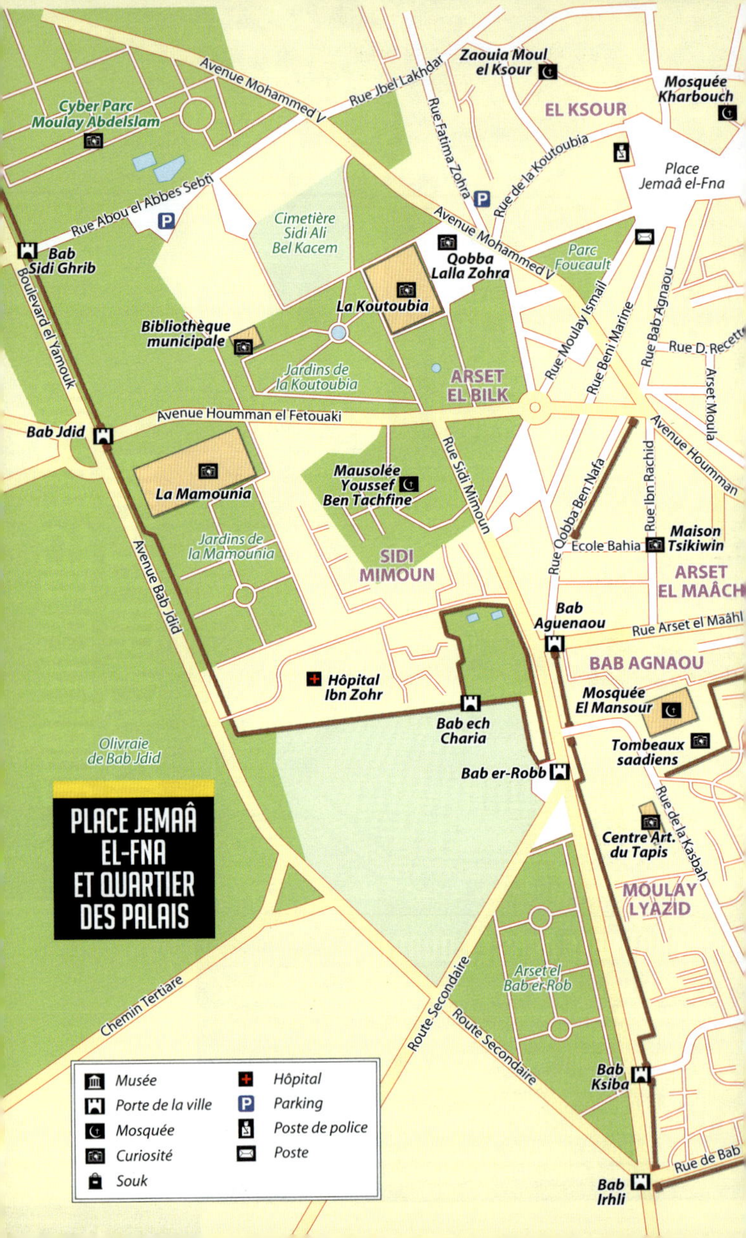
PLACE JEMAÂ EL-FNA ET QUARTIER DES PALAIS
Cyber Parc Moulay Abdelslam
Avenue Mohammed V
Rue Jbel Lakhdar
Zaouia Moul el Ksour
Mosquée Kharbouch
EL KSOUR
Rue Fatima Zohra
Rue de la Koutoubia
Place Jemaâ el-Fna
Rue Abou el Abbes Sebti
Bab Sidi Ghrib
Cimetière Sidi Ali Bel Kacem
Qobba Lalla Zohra
Parc Foucault
La Koutoubia
Bibliothèque municipale
Boulevard el Yarmouk
Jardins de la Koutoubia
ARSET EL BILK
Rue Moulay Ismail
Rue Beni Marine
Rue Bab Agnaou
Rue D. Recett
Arset Moula
Avenue Houmman el Fetouaki
Bab Jdid
Rue Sidi Mimoun
Avenue Houmman
La Mamounia
Mausolée Youssef Ben Tachfine
Rue Qobba Ben Nafa
Rue Ibn Rachid
Maison Tsikiwin
Jardins de la Mamounia
Ecole Bahia
Avenue Bab Jdid
SIDI MIMOUN
Rue Qobba
ARSET EL MAÂCH
Bab Aguenaou
Rue Arset el Maâhl
BAB AGNAOU
Hôpital Ibn Zohr
Mosquée El Mansour
Bab ech Charia
Tombeaux saadiens
Olivraie de Bab Jdid
Bab er-Robb
Rue de la Kasbah
Centre Art. du Tapis
MOULAY LYAZID
Arset el Bab er-Rob
Chemin Tertiare
Route Secondaire
Route Secondaire
Bab Ksiba
Rue de Bab
Bab Irhli
Musée
Porte de la ville
Mosquée
Curiosité
Souk
Hôpital
Parking
Poste de police
Poste

Rue Dabachi
Rue Sidi Boulabada
Rue Tihizrit
A. el Houta
ARSET MOULAY BOUAZA
DERB DABACHI
Derb Jdid
ARSET EL HOUTA
Graoua
Rue Douar
Rue des Barriques
Derb Ferran
Rue Bab Ahmad
DOUAR GRAOUA
Djane Ben Chegra
Palais Moulay Idriss
Rue Douar Graoua
Rue Riad Zitoun el Jdid
Dar Si Saïd Musée d'Art marocain
Agdal Bab Hmad
Bab Ghmat
D. el Arsa
Hôpital Arset el Mokhia
DJANE BEN CHEGRA
Rue de la Bahia
Riad Zitoun el Kdim
RIAD ZITOUN JDID
Rue Imam el Ghazali
Derb Jdid
Palais de la Bahia
Derb Saka
Derb Marnchoura
Synagogue Lazama
Place Qzadria
Cimetière Juif de Miâara
Derb Jdid
MELLAH
Cimetière de Bab Ghmat
Derb Houana
Palais el-Badii
BT NHAS
Rue de Berrima
BERRIMA
DJANE EL AFIA
Bab Jname el Afia
Mosquée Berrima
SBAH
Bab Berrima
Palais Royal
Bab Hmar
Rue Belaïd
BAB HMAR
BAH SIDI NSOUR
Méchouar extérieur
Rue de Bab Hmar
Bab Jname La'yal
Bab er Ryal
Méchouar
Bab Agdal
P
P
Bab Laghdar
Jardins de l'Agdal
N
0
250 m
Pavillon es Saouira

PLACE JEMAÂ EL-FNA ET QUARTIER DES PALAIS

C'est dans la médina que tout se passe, que les souks s'animent, ici que l'on respire les senteurs orientales, que le pittoresque s'observe et se vit... La médina est un monde à part où tout est organisé sous des airs chaotiques. Quant au spectacle qu'elle offre, c'est très tôt le matin qu'il se livre le mieux, lorsque les rues sont encore désertes, que les habitants n'ont pas encore mouillé le sol et que la poussière se soulève. C'est sans doute là que vous passerez le plus de temps durant votre séjour, car cette partie de la ville concentre de nombreux attraits. La plupart des vestiges des dynasties qui firent la grandeur (et la décadence) de Marrakech se trouvent ici. La place Jemaâ el-Fna est en outre le point d'entrée stratégique de la médina. La principale artère reliant la ville nouvelle à la vieille ville (l'avenue Mohamed-V) arrive juste au pied de la Koutoubia, qui sera votre point de repère. Avec son minaret haut de 69 mètres, elle surplombe toute la ville et se révèle idéale pour s'orienter. Jemaâ el-Fna est le point culminant du pèlerinage touristique à Marrakech, un point de passage indispensable pour le voyageur comme pour le badaud, de retour des souks du centre-ville. Mais plus qu'une simple place publique, Jemaâ el-Fna s'est depuis longtemps imposée comme le carrefour initiatique de Marrakech. Incontournable, quelle que soit l'heure de la journée (le spectacle n'y est jamais le même du matin au soir), Jemaâ el-Fna, c'est le cœur de la ville, l'endroit le plus animé de Marrakech, l'une des plus célèbres places du Maghreb, tout cela et bien plus encore...

Apprenez à connaître ses protagonistes : les bazaristes ambulants qui tentent sans relâche de refourguer leurs bibelots, les *guerrab* (porteurs d'eau) au costume rouge et blanc qui, flanqués d'outres velues remplies d'eau, agitent leur clochette au-dessus de leur baudrier de cuir constellé de coupelles de cuivre ou de fer-blanc, les cireurs de chaussures qui, hauts comme trois pommes, crachent gravement, professionnellement, sur les pieds des

UN TOUR EN CALÈCHE

Des dizaines de calèches sont « garées » en face des portes de l'ex-Club Med, sur la place Foucault, à deux pas dans le prolongement de Jemaâ el-Fna. Dans le Guéliz, elles vous attendent place de la Liberté, face au McDonald's. Les tarifs réglementaires sont indiqués dans les calèches... 160 DH pour 1 heure de découverte de la ville rouge (80 DH les 30 minutes).

clients, les diseuses de bonne aventure qui lisent votre vie dans le creux de vos mains, les charmeurs de serpents qui, pour souffler dans leur hypnotisante ghayta, consomment, paraît-il, d'énormes quantités de beurre, les danseurs et musiciens gnaoua qui, tout en faisant tournoyer leurs noirs bonnets cousus de cauris, vous plongent en transe, les conteurs, enfin, poètes intarissables qui, pour quelques dirhams, évoquent les légendes de jadis, l'époque des caravaniers et des palais somptueux. Si l'on vient à pied de la Bahia ou du Mellah, on peut rejoindre la place en empruntant l'une des deux rues Riad Zitoun (c'est tout droit).
Au sud-est de la place, on trouve le magnifique palais de la Bahia, le musée Dar Si Saïd, l'ancien quartier juif et la Place des Ferblantiers. Plus au centre, c'est le quartier de la Kasbah avec le palais Badi, les Tombeaux Saadiens, le Palais Royal. À l'ouest, c'est la Koutoubia, ses jardins et le légendaire hôtel Mamounia.

VISITER

Beaucoup de sites importants sont à ne pas manquer dans ce quartier : Jemaâ el-Fna, le palais de la Bahia, la Koutoubia, les Tombeaux Saadiens, le ravissant musée Dar Si Saïd, El Badi, la Maison de la photographie, les ruelles de la médina, sans oublier les fabuleux jardins, pour ne citer qu'eux. Se promener à pied entre ces points d'intérêt s'avère aussi très plaisant. Prévoyez de bonnes chaussures, un plan de la médina à portée de main et de quoi vous hydrater, vous n'avez pas fini de faire le tour de cette zone prometteuse et de vous y perdre avec joie !

BAB BERRIMA

Donne accès aux quartiers de Berrima et du Mellah.
Berrima est un quartier connu pour ses nombreux riads et surtout son ancienne mosquée qui jouxte le Palais Royal et qui fut construite par le sultan alaouite Mohammed ben Abdallah à la fin du XVIIIe siècle. Il s'agit de la mosquée la plus utilisée par le Roi lors de ses séjours réguliers à Marrakech. La porte, très étroite, est flanquée de deux massifs bastions en pisé et forme une série de coudes destinés à gêner l'ennemi dans ses assauts. C'est Ahmed el-Mansour qui la fit édifier au XVe siècle, afin de contrôler l'acheminement des matériaux précieux destinés à la construction du palais El-Badi. Aujourd'hui, Bab Berrima est devenue le refuge de nombreuses cigognes. Sur la droite, après Bab Berrima, une longue ruelle mène à l'entrée du palais El-Badi.

MISE EN CIRCULATION DE BUS ÉLECTRIQUES !

Marrakech se met à la page et montre l'exemple. À l'occasion de la COP22, la conférence sur les changements climatiques, qui s'est déroulée à Marrakech en novembre 2016, quelques bus électriques ont circulé. Ces bus écologiques circulent désormais sur des couloirs aménagés et relient les quartiers périphériques au centre-ville. Une initiative qui doit permettre de faire baisser le taux de pollution de la ville ocre…

Bab Agnaou.

BAB AGNAOU ★

Au croisement de la rue Sidi Mimoun et de la rue Arset el Maâhl, non loin des tombeaux Saadiens
Casbah
La plus impressionnante porte des remparts de Marrakech. Autrefois, Bab Agnaou avait un rôle essentiellement décoratif. On dit qu'on y exposait aussi les têtes des condamnés à mort. Au-dessus, un verset du Coran y est gravé. Le rôle défensif était assuré par la porte voisine Bab er-Robb. Bab Agnaou est sans aucun doute l'une des plus belles portes de la ville. Contemporaine de la Koutoubia, finement sculptée dans un grès gris bleu provenant du djebel Guéliz, c'est le fleuron national de l'art almohade du XIIe siècle. Bab Agnaou signifie la « porte du bélier ». Son appellation demeure mystérieuse, mais pourrait confirmer la thèse admise de certains archéologues selon laquelle la porte possédait autrefois deux tours (des cornes, donc !) qui l'encadraient et formaient un passage en coude destiné à enfermer les assaillants. Ne manquez pas ce chef-d'œuvre lors d'une balade à pied ou en calèche. Et si c'est l'hiver, levez la tête, car les cigognes y trouvent refuge pour faire leur nid.

CYBER PARC MOULAY ABDELSLAM

Avenue Mohammed VI
A quelques centaines de mètres de la place Jemaâ el-Fna.
Ouvert de 7h à 19h30.
Huit hectares d'espaces verts avec le wifi et des bornes internet en libre

LA MENDICITÉ CHEZ LES ENFANTS

Même s'il peut être difficile de résister, il est conseillé de ne jamais rien donner aux enfants qui mendient. Leur donner, c'est inciter leurs parents à les remettre dans la rue le lendemain. C'est aussi indirectement voler leur enfance. Même s'ils sont miséreux, leur place est à l'école, ou en train de jouer auprès d'autres jeunes pousses de leur âge. Si personne ne donnait ou n'achetait rien aux enfants, les adultes verraient que les exploiter ne sert à rien et les laisseraient retourner à leur vie de petit d'homme (idem pour les adultes mendiants avec des enfants qui ne sont même pas toujours les leurs). Donner aux enfants, c'est aussi habituer de futurs adultes à voir les touristes comme de simples billets de banque sur pattes.

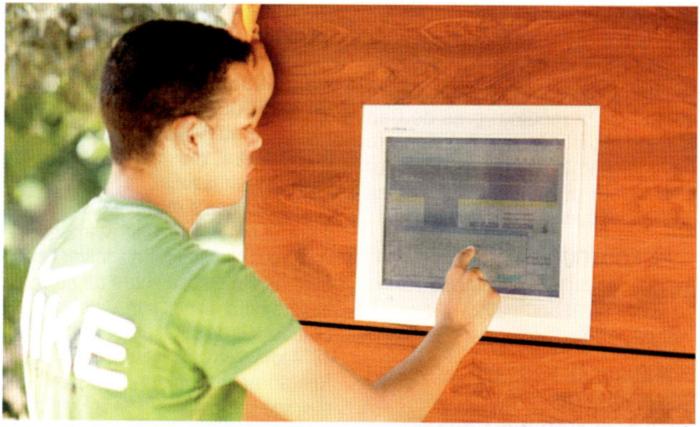
© SÉBASTIEN CAILLEUX

Cyber Parc Arsat Moulay Abdelslam.

accès, et ce, à seulement 5 minutes à pied de la populaire place Jemaâ el-Fna, c'est ça le Maroc ! Fondé au XVIIIe siècle, le parc Moulay Abdelslam est devenu public au XXe siècle et représente parfaitement l'alliance entre tradition et modernité du Royaume. Maroc Telecom s'est chargé de le restaurer et, en plus de son côté high-tech, il conserve sa quiétude ancestrale. Pins d'Alep, bigaradiers, palmiers, daturas, des fontaines et de grandes allées verdoyantes rendent la visite bien apaisante et garantissent un brin de fraîcheur sous la chaleur de la ville. Une vraie bouffée d'oxygène !

HERITAGE MUSEUM / MUSÉE DU PATRIMOINE

Médina, 25 Znikat Rahba, Biyadine
✆ + 212 524 390 280
heritagemuseummarrakech.com
info@heritagemuseum.com
A cinq minutes de la place Jemaâ El Fna.
Ouvert tous les jours de 9h à 18h sauf le lundi. Entrée : 50 DH.

Très joli musée sis dans un vieux riad familial en plein cœur du souk. Dans le dédale des pièces, sont exposées des collections du patrimoine marocain, ainsi que des objets divers de la vie courante, tels que des instruments de musique, tapis, bijoux ou encore des tenues berbères. Encore un effort et on arrive jusque sur la terrasse pour y déguster le traditionnel thé à la menthe qui vous sera offert à la fin de la visite et pour profiter d'une vue panoramique dont on ne se lasse pas.

KASBAH DES ALMOHADES ★

Franchir la plus majestueuse des portes de Marrakech : Bab Agnaou. Ensuite, impossible de vous tromper, c'est tout droit ! Comme son nom l'indique, elle fut bâtie par les Almohades lorsque ces derniers, à peine installés à Marrakech, trouvèrent que la kasbah existante était trop étroite pour y rassembler à la fois leur famille, leurs imams et leur garde personnelle (élément indispensable de la vie politique de l'époque).

C'est Yacoub el-Mansour qui – alors qu'il venait tout juste d'achever les travaux de la Koutoubia – entreprit la construction de cette kasbah située au sud de la médina, près de Bab er-Robb et défendue par Bab Agnaou. De la kasbah initialement érigée par El-Mansour ne subsiste aujourd'hui que la mosquée aux Pommes d'or.

LA KOUTOUBIA ★★

Avenue Mohamed-V, au niveau de la rue de la Koutoubia
Voir page 16.

MAUSOLÉE YOUSSEF BEN TACHFINE

Avant d'entrer dans le parc Lalla Hasna, lorsque l'on vient de Bab Er Robb.
Accès limité aux musulmans.
Ce mausolée est un haut lieu de pèlerinage pour les Marocains. Youssef ben Tachfine est le fondateur de la ville. C'est lui qui, au XIIe siècle, installa la dynastie almoravide au pouvoir et érigea les remparts qui défendent Marrakech.
Selon la légende, de toutes les coupoles (*koubba*) bâties à la mémoire du grand homme, aucune n'aurait résisté. Toutes auraient été mystérieusement détruites pendant la nuit : le fantôme de Youssef ben Tachfine estimerait que seule la coupole céleste est digne de lui… Et si ce petit marabout blanchi à la chaux et recouvert de tuiles vertes a été épargné, c'est parce que c'est un cénotaphe : il n'y a pas de tombeau à l'intérieur. Selon les historiens, le fondateur de Marrakech aurait été enterré au cœur de la médina, dans les alentours de la koubba El-Barudiyne. Sa tombe aurait été profanée par les Almohades lorsque ceux-ci s'emparèrent de la ville. Pour d'autres, Youssef ben Tachfine reposerait au pied d'un palmier, dans cette palmeraie qu'il a tant chérie.

MOSQUÉE AUX POMMES D'OR OU MOSQUÉE DE LA KASBAH

Franchir Bab Agnaou et suivre la rue devant vous qui mène jusqu'à la mosquée.
Accès aux seuls musulmans.
A l'instar de toutes les autres mosquées, vous vous contenterez d'admirer l'extérieur de cet édifice sobre de 80 m de largeur (interdit aux non-musulmans). La mosquée de la Kasbah fut détruite en 1574 lors d'une gigantesque explosion. Restaurée à plusieurs reprises, cet ouvrage contemporain de la Koutoubia fut alors rebaptisé mosquée aux Pommes d'or, par allusion aux quatre boules de cuivre doré qui surmontent le lanternon du minaret. L'histoire est la même que celle de la Koutoubia : ce sont encore aux bijoux fondus de l'épouse d'El-Mansour que la mosquée doit ses dorures. Certains conteurs vous narreront l'histoire édifiante de ces prisonniers anglais et français qui, au XVIIIe siècle, ayant réussi à s'évader de leur geôle, tentèrent de dérober ces pommes d'or… et finirent la tête tranchée et exposée sur les vantaux de Bab Agnaou.

MUSÉE DAR SI SAÏD ★

Derb El Bahia – Riad Zitoun Jdid
✆ + 212 524 38 95 64
www.fnm.ma
Du palais de la Bahia, on peut rejoindre Dar Si Saïd à pied, en longeant la rue Riad Zitoun Jdid jusqu'à une petite place ombragée.
Ouvert de 10h à 18h. 20 DH tarif adultes, 10 DH enfants. Fermeture hebdomadaire le mardi.
Au cœur de l'ancienne médina, le Musée National du Tissage et des Tapis, plus

connu sous Dar Si Saïd, occupe un ravissant palais qui mériterait à lui seul la visite. Zelliges, bois sculptés, chemmassias, plâtres à la calligraphie coufique explosent de finesse dans ce musée qui est le plus ancien de la ville rouge. Aujourd'hui musée d'Etat, il présente une collection de tapis ainsi que divers objets venus de tous les coins du Maroc. Zemmour, Beni Ouarain, Rhamna, Marmoura, qu'il soit floral ou géométrique, le monde du tapis révèle ici tous ses secrets, bel hommage à tous ces artisans et leur savoir-faire ancestral. Petit plus : le hammam, véritable joyau architectural, et la cour intérieure, odorante de jasmins et de daturas où les bruants du désert viennent trouver refuge dans le kiosque à musique du XIXe siècle. Assurément l'esprit des lieux est resté intact ; à mettre sans faute sur sa to-do list.

MUSÉE TISKIWIN OU BERT FLINT ★

8 rue de la Bahia

www.tiskiwin.com

Juste après Bab Falkten, sur la gauche. La maison n'est signalée que par un petit panneau de ferblanterie. Il faut sonner pour entrer.

Ouvert tous les jours de 9h à 12h30 et de 14h30 à 18h. Adultes : 30 DH. Enfants : 10 DH.

Cette ancienne demeure de haut fonctionnaire, pourvue de deux superbes patios fleuris, fut construite au début du siècle dernier dans le style hispano-mauresque si cher au cœur de Bert Flint. C'est ici que cet anthropologue d'origine hollandaise, arrivé à Marrakech en 1954, décida de réunir les objets ramenés de ses innombrables voyages à travers le Sahara, retraçant ainsi les pistes caravanières de l'époque qui reliaient l'Afrique du Nord au Sahel, avec pour thème principal « l'Art et la parure » de ces populations nomades ou sédentaires, berbérophones et Touaregs. Une véritable plongée dans cette culture Amazigh signifiant « homme libre » qui marque de son empreinte toute l'histoire et la singularité du Maroc.

© MUSÉE TISKIWIN OU BERT FLINT

Vue de la première cour, Musée Tiskiwin.

MUSEE DE L'ART CULINAIRE

Rue El Bahia, Riad Zitoun Jdid
✆ +212 5 24 42 71 77
Tous les jours de 9h à 18h. Entrée 40 DH, cours de cuisine 500 DH sur réservation.
Ouvert fin 2019, le Musée de l'Art Culinaire est l'un des derniers nés de la ville rouge. Situé juste à côté du palais de la Bahia, il nous plonge dans la gastronomie marocaine et ses secrets. L'histoire des plats, des épices, des recettes passées traditionnellement de mère en fille, les influences reçues, les produits et ingrédients indispensables... rien n'échappera à votre curiosité aiguisée. Cerise sur le gâteau, si l'envie de vous y mettre vous prend, c'est facile : on prend un cours de cuisine sur place, animé par une *dada* (cuisinière). Le plaisir sera à son comble lorsqu'il s'agira de déguster votre propre réalisation.

PALAIS DE LA BAHIA ★★★

Rue Riad Zitoun Jdid
Non loin de la rue Imam El Ghazali
✆ +212 5 24 38 91 79
Voir page 11.

PALAIS EL BADI ★

En venant de la place des Ferblantiers, passez Bab Berrima et empruntez le chemin sur la droite.
Ouvert tous les jours de 9h à 17h. Entrée : à partir de 70 DH par personne. Prix réduit pour les résidents.
Le palais El-Badii (qui signifie « l'Incomparable ») devait être la merveille du Maroc. En 1578, de retour de la bataille des Trois Rois, Ahmed al-Mansour, dit Ahmed le Doré, finance sa construction grâce à l'or pris aux Portugais vaincus, grâce à l'or de Guinée qui transitait par Marrakech, et grâce au développement du commerce du sucre de la vallée du Sous. Ahmed le Doré ne lésine ni sur les frais ni sur le temps pour mener à bien l'entreprise : il fait venir à Marrakech les artisans les plus réputés d'Andalousie et de Catalogne, importe l'onyx de France, le marbre d'Italie, le granit d'Irlande, envoie chercher l'ivoire en Afrique noire et aux Indes. Ahmed le Doré consacrera 25 ans à construire ce palais qui demeurera inachevé à sa mort. Le principal attrait d'el-Badi est le minbar de la Koutoubia, une chaire datant du XIIe siècle, en bois sculpté et marqueté, recouvert d'or et d'argent, destiné à la prédication de l'imam.

PLACE DES FERBLANTIERS

De l'autre côté de Bab Berrima.
A l'entrée du quartier du Mellah.
Cette place très connue à Marrakech a longtemps ressemblé à un anarchique parking dominé par Bab Berrima. Après deux ans de travaux, elle est aujourd'hui réhabilitée. Les échoppes d'artisans ferblantiers et de vannerie créent une animation permanente et agréable. Amateurs de pop art, vous serez comblés : tout ici n'est que sculptures à partir de boîtes de conserve récupérées, de descentes de gouttière et de fer-blanc en forme d'animaux, de vélos, de voitures, de lanternes. Les petits restaurants tout autour sont l'occasion de déguster un plat typiquement marocain entre deux achats.

PLACE JEMAÂ EL-FNA ★★★★

Médina
Voir page 9.

QUARTIER DU MELLAH ★

Voir page 18.

Tombeaux saadiens.

TOMBEAUX SAADIENS ★★

Rue de la Kasbah
✆ +212 5 24 37 81 63
En venant de la place Youssef ben Tachfine, vous pouvez vous garer devant Bab Agnaou ou devant la mosquée de la Casbah.
Face à la mosquée, longer le mur sur la droite et une petite impasse, à gauche, mène à l'entrée.
Ouvert tous les jours de 9h à 16h45. A partir de 70 DH l'entrée pour les visiteurs étrangers.

Les mausolées des princes de la dynastie saadienne, qui a régné sur Marrakech et le Maroc pendant 125 ans, sont construits à la fin du XVIe siècle par Ahmed le Doré. Ils doivent embellir la koubba où reposent les dépouilles de son père, Moulay Abdallah, de son grand-père, Mohammed ech-Cheikh, fondateur de la dynastie saadienne, ainsi que du sultan marinide Abou el-Hassan, inhumé ici en 1359. Ces tombeaux sont l'unique vestige de la grandeur d'une dynastie dont l'attachement au développement des arts et des relations diplomatiques avec le reste du monde valut à Marrakech une partie de sa renommée au-delà des mers. Décorés de damiers de zelliges multicolores, bordés d'arabesques, voûtés de stalactites de stuc et ornés de marbre d'Italie, ces tombeaux sont d'une telle beauté que lorsque Marrakech tombe entre les mains des Alaouites, en 1654, le sultan Moulay Ismaïl, pourtant enclin à raser tout ce qui évoquait le faste de ses prédécesseurs (par exemple, le palais El-Badii) n'ose pas y toucher. Il décide seulement de les entourer d'une enceinte où seuls quelques fidèles pourront pénétrer par une porte dérobée, située dans la mosquée de la Kasbah. Un couloir d'accès est percé à côté de la mosquée afin de permettre aux non-musulmans d'admirer, du riad qui les entoure, cet ensemble architectural en parfait état de conservation.

TOUR DES REMPARTS

Les remparts de Marrakech s'étendent sur 19 km et encerclent la médina. On peut en faire le tour en voiture, à vélo ou en calèche pour prendre contact avec la ville. Compter au moins 2 heures en calèche si vous souhaitez visiter les quartiers auxquels les portes donnent accès. Les murailles, hautes de 8 m à 10 m selon les endroits, atteignent jusqu'à 2 m de profondeur et comportent deux cent deux tours rectangulaires. Elles furent édifiées en pisé d'argile mélangé à de la chaux et à de la pierraille, par l'Almoravide Ali ben Youssef au XIIe siècle, afin de protéger la cité des attaques extérieures. Déjà à l'époque, plus d'un sceptique s'interrogeait sur la durabilité de ces constructions de terre. Pourtant, les murailles sont toujours debout de nos jours ! L'état de conservation de ces vénérables murs, à l'ombre desquels il n'est pas rare de voir les hommes deviser autour d'un thé à la menthe, est plutôt inégal : la muraille qui s'étend de Bab el-Khémis à Bab ech-Charia, par l'ouest de la ville, est incontestablement celle qui a su résister le mieux aux assauts du temps et c'est aussi la plus ancienne.

Les remparts de la ville, Bab Nkob.

SE RESTAURER

C'est le seul quartier de la médina où vous trouverez une telle profusion de lieux pour vous restaurer. L'éventail de prix et de genre d'établissements est très large. Gargotes de la place Jemaâ el-Fna mises en place au coucher du soleil, petits restaurants touristiques, haute gastronomie : le choix est immense !

SUR LE POUCE

CAFÉ BAKCHICH

5 Rue des Banques Kennaria
✆ +212 6 61 48 86 92
Ouvert tous les jours de 9h à 23h. Comptez environ 60 DH pour un tajine ou un coucous.

Ce tout petit café est convoité par les jeunes voyageurs. Une décoration originale mêlant tables en bois, banquettes, poufs en sacs de grains ainsi qu'une grosse boîte aux lettres française. Ambiance décontractée et musique sont au rendez-vous. Bien agréable pour siroter un thé entre deux balades dans le quartier.

MABROUKA

Bani Marine et Bab Agnaou.
Rue des Princes
✆ +212 5 24 38 96 13
Ouvert tous les jours. Coupe de glace 60 DH.

Du côté de la place, impossible de manquer la rue piétonne des Princes, animée de jour comme de nuit, avec

© SÉBASTIEN CAILLEUX

Pâtisserie des Princes.

ses nombreux magasins et ses cafés fréquentés surtout par une jeunesse marocaine avide de téléphones portables et de sneakers. On aime s'attabler à la terrasse du café Mabrouka, connu de tous, qui demeure le spot idéal pour contempler cette effervescence.

PAUSE GOURMANDE

PÂTISSERIE DES PRINCES

Passage Prince Moulay Rachid
✆ +212 5 24 44 30 33
patisdesprinces@gmail.com
Dans la rue pavée près de la place Jemaâ el-Fna.
Ouvert du lundi au samedi de 7h à 23h et le dimanche de 6h30 à 23h. Compter environ 200 DH le kilo de pâtisseries.
Très large choix de pâtisseries orientales de bonne qualité et gâteaux à l'occidentale que vous savourez dans deux belles salles (choisissez plutôt celle du rez-de-chaussée), dans une ambiance *tea time*. Egalement quelques plats salés dont la délicate pastilla. Un lieu hautement fréquenté depuis des décennies et pas seulement par les touristes.

BIEN ET PAS CHER

BLACKCHICH CAFÉ

1 derb Nakouss, Riad Zitoun El Jdid
✆ +212 6 61 48 8692
Ouvert tous les jours de 12h à 22h30. Plats à partir de 70 DH. Réservation conseillée.
Le Backchich café a désormais un petit frère, baptisé le Blackchich Café. Mêmes propriétaires, un peu plus restaurant que café, l'établissement ne diffère pas seulement d'une lettre. En effet, la carte fait la part belle à la cuisine sénégalaise, propose aussi quelques spécialités libanaises et des plats berbères oubliés comme les cheveux d'ange à la cannelle. Du concept initial, on retrouve cependant la déco originale et *arty*, l'ambiance décontractée, l'accueil jeune et chaleureux et les prix abordables. Idéal pour les dîners à deux en terrasse.

CAFÉ KESSABINE

77 Kessabine
✆ +212 5 24 39 13 44
Ouvert tous les jours de 9h à 23h. Comptez en moyenne 150 DH pour un repas complet sans boisson.
Un décor sans extravagance pour ce petit restaurant très prisé des Marocains qui aiment s'attarder sur sa terrasse. De là, on contemple sereinement la vie qui s'écoule, tout en sirotant un jus de fruits frais ou en dégustant un tajine digne d'un repas familial, le tout à prix très doux. Cerise sur le baklawa, Hassan, le patron, a su s'entourer d'un personnel particulièrement avenant. De quoi passer un excellent moment.

CAFE KIF KIF

28 rue de la Koutoubia
✆ +212 6 49 07 14 98
cafekifkif@gmail.com
Ouvert tous les jours de 10h à 23h. Comptez entre 60 et 90 DH pour un repas.
Un petit café-restaurant au charme certain, avec ses chapeaux en paille, son entrée fleurie, sa façade ocre et son toit-terrasse tout illuminé. On vient ici pour boire un jus frais, un thé, ou pour manger des spécialités marocaines, salades ou snacks. La cuisine est fraîche et réalisée par des mères de famille, les prix sont doux. Les deux derniers étages offrent une vue directe sur la Koutoubia.

CORNER CAFÉ

18 bis Kenaria Dabachi
✆ +212 6 73 05 68 30
corner.cafe2017@gmail.com
Du mardi au dimanche, ouvert jusqu'à 23h. Tajine entre 70 et 90 DH.
C'est l'une des petites adresses sans prétention que l'on se passe de bouche à oreille. Et pour cause, on y mange très bien, pour pas cher, dans une atmosphère de grande convivialité où les sympathiques serveurs ont sûrement quelque chose à voir. Couscous parfumé comme à la maison, succulent plat de tajine d'agneau aux pruneaux qui fait beaucoup parler de lui, galettes kebab... un vrai plongeon dans les saveurs orientales, là où bat le cœur de Marrakech.

UN DÉJEUNER À MARRAKECH

2/4 douar Graoua – Kennaria
Au croisement avec la rue Riad-Zitoun-el-Jdid
✆ +212 5 24 37 83 87
www.undejeuneramarrakech.com
dejeuneramarrakech@yahoo.fr
Ouvert tous les jours de 11h à 22h. Repas autour de 200 DH. Fermeture une journée pour chaque fête de l'Aïd.
Un Déjeuner à Marrakech est désormais l'une des références de la médina ! Il ne désemplit pas et pour cause : la cuisine est fine et subtile, le service de qualité, la décoration chaleureuse et les prix corrects. La carte fusionne les saveurs marocaines et les techniques de cuisson empruntées à la cuisine française. Les plats phares de la carte éveillent les papilles, entre autres le *mrouzia* de bœuf ou encore des desserts très français, mais revisités.

GARGOTES DE LA PLACE JEMAÂ EL-FNA

Place Jemaâ el-Fna
De 19h à minuit.
Faites le tour des stands puis rendez-vous directement à celui qui vous aura le plus inspiré. Lors de votre commande, mettez-vous d'accord

sur les tarifs même s'ils sont renseignés sur la carte, mais surtout sur les quantités ! L'idéal est de sélectionner quelques entrées frugales et de goûter différents mets en partageant les portions. Ici tout est payant : le pain, les olives et la tomate concassée, déposés comme un amuse-bouche, un peu au forcing parfois. Les conditions d'hygiène sont généralement respectées et les contrôles réguliers. Un endroit plus populaire que celui-ci est impossible à trouver.

KOULCHI ZINE

164 Riad Zitoun Lakdim
✆ +212 5 24 37 75 80
ww.koulchizine.com
contact@koulchizine.com
Ouvert tous les jours de 10h à 23h30. Menu à partir de 120 DH.

Joli nom pour ce nouveau restaurant signifiant « tout est beau », facilement reconnaissable grâce aux Beatles peints sur sa devanture. Une année entière a été nécessaire pour restaurer ces lieux qui ont appartenu jadis au conseiller financier de 3 sultans puis au Glaoui, pacha de Marrakech sous le Protectorat. L'endroit, à la fois humble et plein de charme, fait honneur à la tradition marocaine, entre respect des coutumes et modernité. Différents menus sont proposés à des prix très abordables et les amateurs de végan ne sont pas oubliés : couscous végétarien, pastilla aux légumes et tajine de quinoa donnent le ton. Alors *« Come together » !*

MARRAKECH HENNA ART CAFÉ

35 derb Sqata, riad Zeïtoun al-Kdim
✆ +212 6 66 77 93 04
www.marrakechhennaartcafe.com
marrakechhennaartcafe@gmail.com
Tous les jours de 11h à 20h30. Comptez en moyenne 110 DH pour un repas. Tatouage au henné sur une main : 75 DH.

Le Henna Art Café, tenu par une pétulante Américaine se trouve tout près de la place Jemaâ El Fna. On peut y nourrir son estomac (le café a développé une carte végétarienne et sans gluten), mais aussi son esprit. L'équipe inclut des *henna girls* qui, pour quelques dizaines de dirhams, vous offriront un souvenir artistique sur votre main, pied, jambe... Les plats, quant à eux, s'organisent autour d'une fusion maroco... mexicaine, comme par exemple le burrito berbère, ça ne s'invente pas !

OSCAR PROGRES

20, rue Bani Marine
✆ +212 6 66 93 71 47
Menu avec entrée, plat marocain, dessert et thé à 120 DH. De 30 DH à 40 DH pour les grillades.

La salle est souvent comble, midi et soir ! C'est un signe qui ne trompe pas. Et quand on adopte Oscar Progres, difficile de trouver meilleure cantine ! Les serveurs sont rapides et efficaces et si l'on veut déguster la spécialité de Marrakech, à savoir la pastilla aux pigeons, il faut la commander 6 heures à l'avance. Mais chez Oscar, il vaut mieux être carnivore, car les brochettes, le méchoui, les grillades ou les abats sont les rois du menu...

VIA VIA

3 Rue Fandak
✆ +212 6 36 34 48 35
marrakech@viavia.world
Près du marché du Mellah.
Ouvert de 11h à 22h. Fermé le mardi. Entrée à partir de 60 DH.

EARTH CAFE

Riad Zitoun Lakdim
✆ +212 6 61 28 94 02
✆ +212 6 60 54 49 92
www.earthcafemarrakech.com
earthcafemarrakech@yahoo.com
Ouvert tous les jours de 10h à 22h. Plats entre 60 DH et 110 DH, jus de fruits à 20 DH.

Ceux qui prônent les légumes à leur menu et apprécient un environnement simple et coloré seront ici aux anges. C'est « de la ferme à l'assiette », dixit le gérant. Ouvert depuis 2007, ce café s'affiche sans prétention et cultive même une ambiance complètement roots. S'il est un peu surprenant de tomber directement sur la cuisine à l'entrée, les terrasses se révèlent agréables si l'on ne recherche pas un confort absolu. Les prix sont dans la même veine, sans extravagance ! Ne pas confondre cet établissement avec un autre du même nom sur la place des Ferblantiers.

BONNES TABLES

CAFÉ CLOCK

224 Darb Chtouka
✆ +212 5 24 37 83 67
www.cafeclock.com
marrakech@cafeclock.com
Tous les jours ouvert de 8h à 23h, selon la programmation. Plats autour de 250 DH.

Le Café Clock est un endroit pas comme les autres, cuisine et pratique artistique se mélangent ici dans cet espace chaleureux. Une carte variée et intéressante à prix variables : soupe marocaine, pastilla (genre de brique fourrée au pigeon ou au poulet, et aux amandes), burger maison, mais aussi jam sessions, contes traditionnels et expositions. De nombreux ateliers ont lieu en journée (cours de cuisine, de calligraphie ou encore de houd, entre autres). N'hésitez pas, justement, à consulter la programmation sur le site Internet avant de vous y rendre. Chaque soir est animé.

CASA LALLA

Riad Zitoun Lakdime 16 Derb Jamaa
✆ +212 5 24 42 97 57
www.casalalla.com
contact@casalalla.com
Riad Zitoun el Kdime.
Ouvert tous les soirs, à partir de 20h. Plats à partir de 140 DH.

Casa Lalla offre une table française unique et gastronomique au cœur de la médina, à trois minutes de la place ! Une ambiance élégante et chic pour savourer une bonne cuisine marocaine et internationale. Risotto, filet de saint-pierre ou encore ravioles de foie gras… Une très bonne adresse.

DAR MIMOUN

1, derb Ben Amrane
Riad Zitoun Kedim
✆ +212 5 44 44 33 48
www.darmimoun.com
restaurantdarmimoun@gmail.com
A 5 minutes à pied de la place Jemaâ el-Fna.
Ouvert tous les jours de 9h à 23h. Plats à la carte de 80 à 130 DH.

Ancienne résidence d'El Glaoui, célèbre pacha de Marrakech, vous dégusterez dans ce patio arboré, pastillas et tajines. Les plus gourmands apprécieront un menu complet : *harira,* couscous royal ou aux sept légumes et assiette de pâtisseries.

KASBAH CAFÉ

N°47 Boutouil, Kasbah
en face des Tombeaux Saadiens
✆ +212 5 24 38 26 25
www.kasbahcafemarrakech.com
contact@kasbahcafemarrakech.com
Ouvert du lundi au vendredi de 9h à 23h. Samedi et dimanche jusqu'à minuit. Prix moyen pour un repas : 170 DH.
On doit bien admettre que le gros atout de ce restaurant reste sa terrasse panoramique sur la médina et le musée des Tombeaux Saadiens. Il fait bon y déguster un smoothie fraîchement préparé ou une glace bio. Les prix sont doux et on retrouve à la carte des spécialités marocaines et internationales. Côté déco, les techniques et matériaux de construction du Sud sont très présents, avec ici et là quelques petites touches andalouses : normal, l'un des patrons est espagnol !

LE KOSY BAR

47, place des Ferblantiers, Mellah
✆ +212 5 24 38 03 24
www.kosybar.com
info@kosybar.com
Ouvert tous les jours de 11h à 1h.
Située sur la place des Ferblantiers, c'est sur deux étages que le Kosy Bar vous propose une restauration légère pour le midi et plus sophistiquée pour le dîner. La terrasse avec vue sur la Koutoubia est animée par le spectacle des cigognes, un *spot* idéal pour l'apéritif. Prix à l'européenne.

PEPE NERO

17, derb Cherkaoui – Douar Graoua
✆ +212 5 24 38 90 67
www.pepenero-marrakech.com
pepenero.marrakech@gmail.com
Dîner 19h30 jusqu'à à 23h30. Réservation obligatoire. Fermeture hebdomadaire le lundi.
La philosophie de ce restaurant : offrir une gastronomie irréprochable à des prix tout à fait raisonnables. Dans la précieuse demeure de l'ancien pacha de Marrakech, l'équipe du Pepenero vous accueille tel un invité de marque. Le décor est magnifique, la cuisine l'est tout autant. Car Khalid, le chef qui a fait ses classes en Italie puis à Londres, concocte ses plats avec inventivité et amour. Vous aurez donc le choix entre une carte marocaine ou italienne et vos papilles gustatives n'en reviendront pas ! La pastilla au pigeon est particulièrement savoureuse, le méchoui d'agneau est fondant à souhait. Quant aux plats italiens (tortellini au parmesan, carpaccio de thon, saint-pierre au fenouil, etc.), ils sont d'un raffinement rare. Un soin particulier est apporté aux ingrédients de base qui proviennent de deux fermes biologiques, l'une au Maroc, l'autre en Italie. Une adresse que nous vous recommandons avec beaucoup de chaleur.

LE RELAIS DE PARIS

26, rue de la Koutoubia
✆ +212 5 24 38 88 00
Derrière l'hôtel Les Jardins
de la Koutoubia.
Ouvert tous les soirs de 19h30 à 23h. Comptez environ 250 DH l'entrée et le plat.
Situé dans l'hôtel Les Jardins de la Koutoubia, ce restaurant chic et élégant offre un cadre exceptionnel et privilégié pour déguster des spécialités françaises, notamment de viandes avec leur fameuse sauce. Au bord de la piscine, dans le luxuriant jardin du patio, vous trouverez un restaurant au caractère affirmé ; calme et sérénité sont au rendez-vous.

RESTAURANT ANGSANA SI SAID

N 1-2-4, derb Abbes El Fassi
Riad Zitoun Jdid
✆ + 212 5 24 38 90 11
www.angsana.com
marrakech@angsana.com
Ouvert tous les jours, midi et soir. Suggestions du jour à partir de 250 DH et menu à partir de 350 DH.
Envie d'un dîner romantique à la belle étoile au cœur de la « Ville Rouge » ? Le restaurant Angsana Si Said vous accueille dans une magnifique demeure bourgeoise du XIXe siècle. A quelques pas du Palais Bahia dans la Médina, vous aurez la possibilité de déjeuner ou dîner dans le patio ou sur le toit-terrasse dans un cadre des plus intimes. D'inspiration marocaine avec des influences méditerranéennes et orientales, la cuisine est une invitation au voyage pour satisfaire tous les palais...

© DAR ESSALAM

Salon Royal, Dar Essalam.

ZEITOUN CAFÉ

107 place Jemâa el Fna
✆ +212 5 24 42 75 70
www.zeitouncafe.com
Ouvert tous les jours de 9h à 1h du matin, service continu, pas de réservation.
La nouvelle adresse de la place Jamâa El Fna offre une jolie vue depuis ses terrasses chauffées l'hiver et brumisées l'été. Une déco « beldi » et une carte variée avec cuisine marocaine et internationale. Un large choix au niveau des rafraîchissements, jus, smoothie, mais aussi cocktails de fruits (sans alcool). Une adresse agréable en service continu, toute la journée.

LUXE

LE BISTRO ARABE

63 derb Jamaa- Riad Zitoun Lakdim
✆ +212 5 24 42 96 46
www.riad-monceau.com
Compter environ 350 DH pour un repas.
Ce riad vous garantit un séjour des plus romantiques. Une fois la lourde porte en bois franchie, un joli patio arboré de palmiers autour du bassin-piscine vous accueille. Le dîner se prend au rez-de-chaussée, à l'intérieur ou à l'extérieur, avec bougies et pétales de roses sur la table. La terrasse superbement aménagée en rotin et fer forgé offre un solarium surplombant les toits marrakchis. Faut-il ajouter à tous ces avantages une situation d'exception, un remarquable restaurant et une décoration à faire s'extasier n'importe quelle princesse ?

DAR ESSALAM

170 Riad Zitoun Lakdim
✆ +212 5 24 44 35 20
www.daressalam.com
contact@daressalam.com

Ouvert le midi et le soir sauf le mardi. Le midi menu entre 200 et 280 DH.
C'est au cœur d'un palais du XVIIe siècle que se niche Dar Essalam. La table a été fréquentée par les plus grands, de Winston Churchill à Alfred Hitchcock, en passant par Sean Connery. Au menu, une cuisine traditionnelle de qualité, tajine berbère, brochette de viande ou encore tajine de poulet au citron confit. Une adresse à découvrir sans tarder.

LES JARDINS DE LA MÉDINA

21, derb Chtouka
Kasbah
✆ +212 5 24 38 18 51
www.lesjardinsdelamedina.com
info@lesjardinsdelamedina.com
Porte la plus proche : Bab Ksiba.
Déjeuner de 12h à 15h, dîner de 19h30 à 22h30. Environ 450 DH pour le dîner pour un menu complet, hors boissons.
La cuisine des Jardins de la Médina est fine, savoureuse et élaborée. Offrant une gastronomie française patinée d'influences marocaines, le restaurant bénéficie d'une excellente réputation sur Marrakech. Le cadre est splendide, vous déjeunez ou dînez dans un immense patio-jardin arboré au bord de la piscine. Que vous soyez tenté par un filet de posson doré à l'huile d'argan, un tagine de poulet aux poires et pignons ou une fondante *tangia* de souris d'agneau aux pommes grenailles, vos papilles repartiront comblées. Les Jardins de la Médina organise aussi des cours de cuisine. Enfin, les jours de grande chaleur, l'établissement propose un déjeuner piscine, l'occasion de se détendre un après-midi dans un cadre exceptionnel.

RIAD MONCEAU

63, derb Jamaa- Riad Zitoun
Lakdim
✆ +212 5 24 42 96 46
www.riad-monceau.com
courrier@riad-monceau.com
A 100 m de la place Jemaâ el-Fna.
Ce riad vous garantit un séjour des plus romantiques. Une fois la lourde porte en bois franchie, un joli patio arboré de palmiers autour du bassin-piscine vous accueille. Le dîner se prend au rez-de-chaussée, à l'intérieur ou à l'extérieur, avec bougies et pétales de roses sur la table. La terrasse superbement aménagée en rotin et fer forgé offre un solarium surplombant les toits marrakchis. Faut-il ajouter à tous ces avantages une situation d'exception, un remarquable restaurant et une décoration à faire frémir n'importe quelle princesse ?

VILLA DES ORANGERS

Place Ben Tachfine
6 rue Sidi Mimoune
✆ +212 5 24 38 46 38
www.villadesorangers.com
message@villadesorangers.com
Ouvert tous les jours, midi et soir. Déjeuner entre 12h à 15h. Réservation pour le dîner à partir de 19h30.
La Villa des orangers est un hôtel Relais et châteaux 5-étoiles, dont la carte aux accents méridionaux affiche des plats les plus alléchants les uns que les autres. Les produits sont sélectionnés avec soin et évoluent en fonction des saisons. Les amateurs de poissons et autres crustacés devraient se régaler. Le cadre vient parfaire le plaisir du palais. La Villa des Orangers a pris place dans l'ancienne demeure d'un juge, dont perdurent les stucs originaux.

SHOPPING

Jemaâ el-Fna et le quartier des Palais ne valent pas les souks en matière de shopping pour la multitude de marchandises, mais la zone se défend plutôt bien. Entre la visite de deux vestiges des dynasties passées, vous trouverez de charmantes petites boutiques d'artisanat. De plus en plus de boutiques de créateurs s'installent aux abords de Jemaâ el-Fna dans les deux rues Riad Zeitoun. Les sélections d'articles, vêtements ou objets mélangent artisanat et style à la fois chic et bohème. A noter aussi, le complexe Bouchaib, sorte de méga supermarché de l'artisanat, bien utile pour les achats de dernière minute ou pour exercer ses yeux aux caractéristiques des produits marocains.

AYA'S

11 bis, Derb Jdid
✆ +212 6 61 46 29 16
www.ayasmarrakech.com
info@ayasmarrakech.com
A côté du restaurant Le Tangia.
Ouvert tous les jours, sauf le dimanche, de 10h à 17h. Ou sur RV.
La boutique Aya's est une adresse devenue classique et incontournable pour les adeptes des tenues traditionnelles ! La créatrice Nawal el-Hriti revisite avec goût les vêtements marocains : chaque caftan, djellaba ou gandoura est une pièce unique, cousue à la main de façon très maîtrisée, avec toute la rigueur des artisans. Les prix sont à la hauteur de ce savoir-faire, mais légitimes lorsqu'on vise une qualité irréprochable des tissus et des finitions. Une adresse élégante qui a su conquérir artistes et célébrités de ce monde férus de sur-mesure, peut-être bientôt votre tour...

COMPLEXE ARTISANAL BOUCHAIB

7, Derb Baïssi Kasbah Boutouil
✆ +212 5 24 38 18 53
www.complexeartisanal.com
tapisantiquite@gmail.com
Ouvert tous les jours de 9h30 à 20h.
Ne vous attendez pas à voir des artisans à l'œuvre, il s'agit d'une sorte de méga-supermarché. La boutique est immense et on trouve vraiment tout ce qui se fait en matière d'artisanat ou de souvenir au Maroc. Des rayons entiers de verres à thé, poufs, ceintures, babouches, objets en *tadelakt*, photophores, etc. Tout est étiqueté et les prix sont fixes, mais bien supérieurs à ceux qui sont pratiqués, une fois négociés, dans les souks. Le concept du supermarché ne semble pas très attrayant de prime abord, mais peut se révéler bien pratique si on a peu de temps pour acheter ses cadeaux.

ORIGINAL DESIGN

47, place des Ferblantiers
✆ +212 5 40 00 71 03
www.originaldesign-marrakech.com
info@originaldesign-marrakech.com
Passionnée par l'artisanat marocain, Ibtissam, jeune créatrice, relève le défi de lancer sa marque Original Design, une réussite puisqu'on compte aujourd'hui trois adresses à Marrakech. La créatrice propose toutes sortes de produits issus de l'artisanat marrakchi qu'elle personnalise et revisite. Des créations originales : babouches, linge de maison, maroquinerie de luxe... Vous pouvez même commander des

produits sur mesure et personnalisés ! Il est aussi possible de commander en ligne !

Autre adresse : 231, rue Ziad Zitoun Jdid (à côté du Palais Bahia) ; 422, rue de la Kasbah (à côté des Tombeaux saadiens) ; route de Safi – Sidi Ghanem (à côté des Sens de Marrakech).

WARDA LA MOUCHE

127 rue Kennaria
✆ +212 5 24 38 90 63
wardalamouche.ma@gmail.com
Ouvert tous les jours de 9h30 à 20h sauf le dimanche (fermeture annuelle pendant le ramadan).
La créatrice Sandrine Virgil revisite les lignes classiques du code vestimentaire traditionnel en les dotant d'un brin de fantaisie. Sandales en cuir coloré, djellaba aux motifs imprimés, sarouel de coton végétal, tuniques brodées de motifs géométriques : sa boutique recèle des trésors. On trouve un rayon soldé sur les collections précédentes, l'occasion de faire des bonnes affaires !

Autre adresse : 8 bis souk Chaaria (à côté du musée de Marrakech).

ÉCHOPPES DU MELLAH

Rue Riad Zitoun Jdid
L'ancien quartier juif du Mellah compte trois marchés où il fait bon flâner. Le souk des bijoutiers rassemble une cinquantaine de commerçants, vendant principalement de l'or. Le marché couvert abrite, quant à lui, des échoppes de tissus et un florilège de merceries. Le souk aux épices propose une variété d'épices impressionnante et des denrées mystérieuses pas toujours identifiables : n'hésitez pas à interroger les herboristes sur leur utilisation, c'est fort édifiant.

Boutique de babouches aux abords de la place Jemaâ el-Fna.

SORTIR

Dans ce quartier, le principal lieu de sortie nocturne est le casino jouxtant le célèbre hôtel de la Mamounia. Si vous voulez juste boire un verre, vous trouverez quelques restaurants-bars à l'ambiance chic ou musicale. Mais c'est dans la ville nouvelle qu'il faut se rendre si on veut sortir le soir ou faire la fête, principalement à l'Hivernage où sont concentrés tous les établissements, bars et clubs branchés.

CAFÉS – BARS

LE KOSY BAR

47, place des Ferblantiers
Mellah
✆ +212 5 24 38 03 24
www.kosybar.com
info@kosybar.com
Ouvert tous les jours de 11h à 1h du matin. Repas autour de 250 DH. Cocktail à partir de 90 DH.

Il porte bien son nom tant l'endroit est chaleureux ! L'entrée est superbe, avec sa fontaine murale et ses roses qui baignent ! Sa terrasse surplombant la place des Ferblantiers est idéale au moment du coucher du soleil. Qui plus est, l'endroit sert de nombreux apéritifs, allant du Ricard au porto en passant par plusieurs vins marocains et internationaux. Possibilité de vous restaurer sans trop vous ruiner, même si l'endroit se prête plus à un verre entre amis. Régulièrement, des animations musicales sont proposées (groupe de jazz, funk and soul, rhythm and blues...) et la convivialité est au rendez-vous !

STANDS À JUS DE LA PLACE

Place Jemaâ el-Fna

Impossible de repartir de la place Jemaâ el-Fna sans avoir consommé un jus d'orange fraîchement pressé de l'un des vendeurs ambulants. Tous les stands se valent et votre estomac ne court pas grand risque. Le prix étant dérisoire, ça ne se refuse pas !

Les vendeurs de jus d'orange frais.

N'hésitez pas à demander à ce qu'on vous prépare un nectar personnalisé à votre goût, en faisant un mix de vos fruits préférés, ou bien sans rajouter d'eau ni de sucre...

ACTIVITÉS ENTRE AMIS

Côté joies du hammam et bains maures dans le quartier de Jemaâ el-Fna, le moins que l'on puisse dire est que l'on a l'embarras du choix ! Mais aussi quelques autres activités agréables, comme les cours de cuisine marocaine. Voici nos adresses préférées.

LES BAINS DE L'ALHAMBRA

9 Derb Rahhalam, Kasbah

✆ +212 5 24 38 63 46

www.lesbainsdelalhambra-marrakech.com

Ouvert tous les jours de 9h à 21h. Formule basique hammam traditionnel avec gommage + massage : 520 DH.

Un véritable temple de la volupté et une équipe de professionnelles, on y va les yeux fermés, et fort est à parier qu'on en ressort détendu.

LES BAINS DE MARRAKECH

Bab Agnaou

2 Derb Sedra,

✆ +212 5 24 38 14 28

www.lesbainsdemarrakech.com

contact@lesbainsdemarrakech.com

Juste après Bab Agnaou, sur la droite.

Ouvert tous les jours de 9h à 19h. Fermé au mois d'août. Soins à la carte à partir de 220 DH. Réservation conseillée.

Ce palais de 1 800 m² dédié au bien-être connaît une telle renommée qu'il s'est encore agrandi récemment. Bain aux sels de romarin parsemé de pétales de roses, un « vrai » gommage au savon noir et au grain bigaradier, un drainage du corps ou massage du visage à l'huile d'argan : soin unique ou combiné, la magie opère. Si vous le pouvez, privilégiez la semaine, car le lieu est très prisé le week-end.

COURS DE CUISINE DU RIAD MONCEAU

7-8 derb Chaabane Riad Zitoun Lakdim
✆ +212 5 24 42 96 46
www.riad-monceau-restaurant.com
restaurant@riad-monceau.com
Atelier de 10h30 à 14h chaque matin : gastronomie marocaine, 500 DH ; atelier de 15h30 à 17h, pâtisseries marocaines et art du thé à la menthe, 350 DH.
Dirigés personnellement par le chef du Riad Monceau et dispensés dans la cuisine même du restaurant, les ateliers sont organisés par petits groupes de quatre personnes au maximum. Deux ateliers sont proposés, l'un autour de la gastronomie marocaine et l'autre autour de la pâtisserie marocaine et l'art du thé à la menthe

LES COULEURS DE L'ORIENT

22 derb Lakhdar, Riad Zitoun Kdim
✆ +212 5 24 42 65 13
www.couleursdelorient.com
Formule découverte : hammam complet 40 minutes + massage de 30 minutes : 370 DH. Formule détente : hammam complet 40 minutes + massage de 1 heure : 470 DH. Formule bien-être : hammam complet 40 minutes + massage 1 heure + soin du visage : 700 DH. Massages à partir de 270 DH. Réduction de 10 % en réservant sur le site Internet.
Ce riad fondé en 1839 n'a rien perdu de son charme au fil des ans, bien au contraire. Proposant massages et hammams (thé à la menthe offert), il est aussi spécialisé dans les huiles d'argan et a quelques précieux échantillons à vendre ! Possibilité de faire un hammam en couple.

GRAND CASINO DE LA MAMOUNIA

Avenue Bab Jdid, Ménara
✆ +212 5 24 33 82 00
info@casinomamounia.com
Service voiturier, bar et restaurants.
150 machines à sous, 20 tables de jeu, roulette américaine, blackjack, pour ne citer qu'eux, autant de promesses pour passer une belle soirée divertissante dans ce dynamique casino. On y organise également des soirées thématiques, avec buffet et musique live, ainsi que des tombolas avec la possibilité de gagner, qui sait, une voiture. Les jeux sont faits...

LES BAINS DE TARABEL

Garder le secret ! C'est le sentiment qui nous étreint lorsque l'on sort de ce lieu préservé. On parle ici d'une adresse dédiée au bien-être que l'on déniche au dédale d'une de ces petites ruelles du quartier chic de la médina qu'on appelle Dar El Bacha. Cette maison traditionnelle de la vieille ville offre un décor d'une sérénité absolue dans un cadre très intimiste. On reçoit même ses convives sur rendez-vous pour une expérience unique à chaque fois. Personnel très attentif, excellente prestation réalisée dans les règles de l'art. Coup de cœur assuré.

Coordonnées : 8 Derb Sraghna, Quartier Dar El Bacha

SOUK CUISINE
Derb Tahtah 5, Zniquat Rahba
Médina ✆ +212 6 73 80 49 55
www.soukcuisine.com
info@soukcuisine.com
De 10h à 15h30, groupes de 2 à 14 personnes. A partir de 60 € le cours par personne.

Souk cuisine organise des ateliers cuisine d'une grosse demi-journée. Au programme, marché, cours de cuisine dans un riad et enfin, déjeuner et flânerie autour d'un thé à la menthe. Prestation excellente. Souk cuisine propose aussi des séjours culinaires.

HAMMAM OU SPA ? ON A LE CHOIX !

Art de vivre ancestral dans la culture orientale, Marrakech ne déroge pas à la tradition du bien-être : la Ville rouge recèle de bains de vapeur publics et abrite plusieurs spas féeriques.

Le hammam public : même s'il faut reconnaître que c'est un peu le dernier salon où l'on papote, on vient ici pour se laver et non pour se prélasser. D'ailleurs, historiquement, le hammam constitue l'antichambre de la mosquée, où l'on vient se purifier avant d'aller prier. Dans le hammam public, ne soyez donc pas surpris si les salles sont plutôt basiques au niveau déco. Comme à la piscine, on apporte ici tongs, shampoing, savon sans oublier de se rendre au souk pour acquérir le gant de crin, le savon noir et le ghassoul en copeaux, produits indispensables au grand nettoyage du corps. Une fois la peau mouillée et bien habituée à la température, on s'enduit de savon noir, on laisse reposer puis on vous frotte vigoureusement pour éliminer les peaux mortes. Le ghassoul est ensuite utilisé en gommage corporel ou en masque capillaire. Une fois rincé, on ressort avec une peau de nouveau-né. Afin de se familiariser avec les coutumes marocaines, le hammam est vraiment une expérience authentique dont vous garderez de bons souvenirs. Il ne reste qu'à plonger dans l'expérience.

Le Spa : Pour se faire chouchouter en combinant bain maure, massage et carte de soins esthétiques exhaustive, c'est ici que ça se passe ! Dans un décor souvent enchanteur fait de lumières tamisées et de mobilier raffiné et de musique douce, vous serez pris en charge par un personnel attentif qui vous fournira tous les accessoires utiles, peignoir, dessous jetables etc. Le gommage dans un Spa est généralement prodigué avec davantage de douceur qu'au hammam de quartier, on en sort donc avec la peau moins malmenée, et super relaxé par tous ces bienfaits.

Conseil futé : quel que soit votre choix, évitez le gommage sur une peau sensible ou sensibilisée par le soleil : le rêve oriental se transformerait vite en cauchemar !

IMMANQUABLE DANS CE QUARTIER

- Le pittoresque quartier des tanneurs où l'on assiste à la préparation des cuirs à l'ancienne.
- Le Jardin secret, conçu comme une métaphore du paradis et magnifiquement restauré.
- Le musée des Confluences installé dans le palais El Bacha ayant appartenu au pacha Glaoui.
- La médersa Ben Youssef, la plus grande école coranique qui pouvait accueillir 900 élèves.
- La Maison de la Photographie.

LES SOUKS
ET LE NORD
Musée
Porte de la ville
Mosquée
Curiosité
Souk
Gare routière
Hôpital
Parking
Poste de police
Poste
0
250 m
Djane
Bel Abbès
KAÂ
EL MECHRA
Souk el Khémis
(marché aux puces)
Bab Khour Chou
Bab el Arset
Ben Brahim
Bab el Jname
Bel Abbès
Bab
Yacourt
Bab
Moussoufa
Gare
routière
ZAOUIA
El ABESSIA
Rue Kbour Chou
Diour Jdad
Kaâ Taoualt
Bab Sidi
Ahmed es Zaouia
Kaâ el Mechra
Sidi Bel Abbès
Cimetière
Sidi Bel Abbès
Cimetière
Sidi Ahmed es Zaouia
DerbSsidi Massoud
Arset Ben Brahim
DIOUR JDAD
Rue el Gza
Zaouïa de
Sidi Bel Abbas
ZAOUIA
SIDI RHALEM
Rue Sidi Rahlem
ARSET
IHIRI
SIDI BEN
SLIMANE
Derb Derdouba
ARSET
BEN CHEBI
Rue Bab Doukkala
Zaouia Sidi
Ben Slimane
el Jazouli
Rue Bab Taghzout
Derb Lamsaubr
Bab el Khémis
Rue Bin Lamaâssar
Derb el Akkari
Derb Sidi Bou Amar
Mosquée
Ben Slimane
BAB
DOUKKALA
Rue Sidi Ben Slimane
Fontaine
Moulay Rachid
Rue Assouel
Rue Ank Jemel
Arset el Mellak
SIDI
BOU AMEUR
Derb Halfaoui
Mosquée
Bab Doukkale
Arset Azoual
Rue Riad LaSarous
Rue Diour Saboun
Rue Bin Lamaâssar
Hôpital
Chekh Daoud
El Antaki
Rue de Bab el Khemis
Bab Kechich
RIAD IAÂROUS
Rue Riad Laârous
R'MILA
MÉDINA
KECHICH
Rue Assouel
Rue Dar el Bacha
Musée
Dar el Bacha
Mosquée
Zaouia
Sidi Abdelaziz
Fontaine
Chob ou Chouf
Place
el Antaki

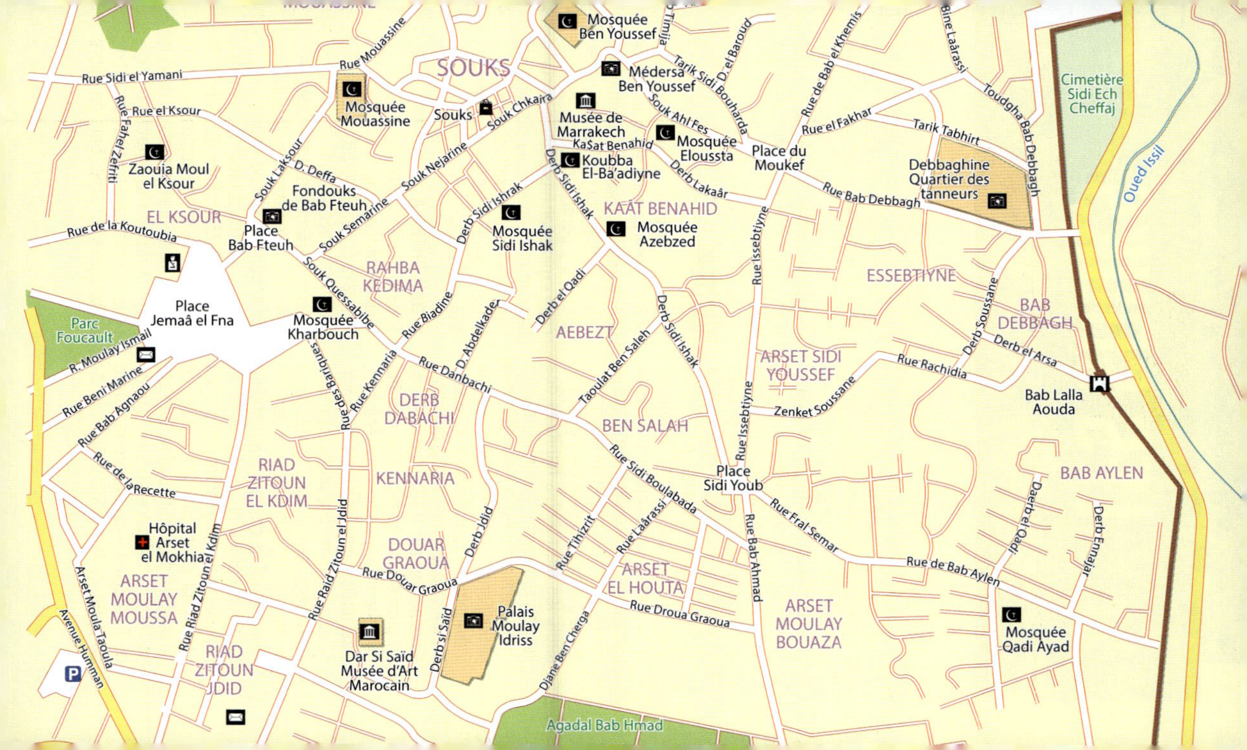

SOUKS
Souks
Mosquée Ben Youssef
Médersa Ben Youssef
Musée de Marrakech
Mosquée Eloussta
Koubba El-Ba'adiyne
Kaŝat Benahid
Place du Moukef
Debbaghine Quartier des tanneurs
Cimetière Sidi Ech Cheffaj
Oued Issil
Mosquée Mouassine
Zaouia Moul el Ksour
Fondouks de Bab Fteuh
Place Bab Fteuh
EL KSOUR
Mosquée Sidi Ishak
Mosquée Azebzed
KAÂT BENAHID
RAHBA KEDIMA
Place Jemaâ el Fna
Parc Foucault
Mosquée Kharbouch
AEBEZT
ESSEBTIYNE
BAB DEBBAGH
ARSET SIDI YOUSSEF
Bab Lalla Aouda
DERB DABACHI
BEN SALAH
Place Sidi Youb
BAB AYLEN
RIAD ZITOUN EL KDIM
KENNARIA
DOUAR GRAOUA
Hôpital Arset el Mokhia
ARSET MOULAY MOUSSA
RIAD ZITOUN JDID
Dar Si Saïd Musée d'Art Marocain
Palais Moulay Idriss
ARSET EL HOUTA
ARSET MOULAY BOUAZA
Mosquée Qadi Ayad
Agadal Bab Hmad
Rue Sidi el Yamani
Rue Mouassine
Rue el Ksour
Rue Fahel Zefriti
Souk Laksour
D. Deffa
Souk Nejarine
Souk Chkaira
Souk Semarine
Souk Quessabibe
Rue de la Koutoubia
R. Moulay Ismaïl
Rue Beni Marine
Rue Bab Agnaou
Rue de la Recette
Arset Moula Taoula
Avenue Humman
Rue Riad Zitoun el Kdim
Rue Riad Zitoun el Jdid
Rue des Bariques
Rue Kennaria
Rue Biadine
D. Abdelkader
Rue Danbachi
Derb Sidi Ishrak
Derb Sidi Ishak
Derb el Qadi
Taoulat Ben Saleh
Rue Douar Graoua
Derb Jdid
Derb si Saïd
Rue Droua Graoua
Djane Ben Cherga
Rue Tihizrit
Rue Laârassi
Rue Sidi Boulabada
Rue Bab Ahmad
Rue Fral Semar
Rue de Bab Aylen
Daerb el Qadi
Derb Ennajar
Rue Issebtiyne
Zenket Soussane
Rue Rachidia
Derb Soussane
Derb el Arsa
Derb Lakaâr
Rue Bab Debbagh
Tarik Tabhirt
Toudgha Bab Debbagh
Bine Laârassi
Rue el Fakhar
Rue de Bab el Khemis
D. el Baroud
Tarik Sidi Bouharda
Souk Ahl Fes
Timija

LES SOUKS

Autre quartier phare de Marrakech, le souk de la médina nous transporte dans un monde où les traditions et l'habitat ancien sont préservés au milieu du tumulte grouillant d'une activité commerciale, artisanale et sociale qui bat son plein. On peut y passer des heures à musarder entre les échoppes, négocier, comparer les produits, revenir sur ses pas pour s'assurer qu'il n'y avait pas mieux ailleurs. On y passe aussi beaucoup de temps à s'imprégner et profiter de l'ambiance, à observer les artisans au travail... La médina est un labyrinthe, le jeu est évidemment de s'y perdre, seuls les Marrakchis habitués des lieux s'y retrouvent. Vous remarquerez que la médina est balisée par des petits panneaux en hauteur qui vous indiquent les grandes places, assez pratiques pour connaître sa direction. Vous pouvez aussi vous repérer avec un plan en localisant les portes qui délimitent la médina appelées *bab*, c'est un bon moyen pour s'y retrouver. Si vous cherchez une adresse précise et que vous êtes perdu, n'hésitez pas à demander aux commerçants, ils vous indiqueront le chemin avec plaisir. En plein centre du souk, de nombreuses adresses incroyables vous attendent pour faire une pause, se désaltérer, déjeuner ou dîner (le Kafé Merstan – dernière adresse prisée de la médina – ou encore la Ferme au cœur de la médina). Au-delà du shopping, le quartier des souks, c'est aussi celui de Mouassine, le petit espace « bobo » de la médina, et celui de Ben Youssef, avec la mosquée et la médersa éponymes, ou encore le musée de Marrakech, au nord de la médina, niché dans un somptueux palais.

VISITER

Impossible de venir jusqu'à Marrakech et d'en repartir sans avoir déambulé dans les souks. Ils se découvrent dans leur ensemble, au gré du vent, le jeu est de s'y perdre, mais au-delà de cette exploration hasardeuse, certains lieux et monuments se distinguent. Vous les retrouverez ici, aux côtés d'informations sur les quartiers les plus courus.

■ DAR CHERIFA ★

8, derb Cherfa Lakbir
Quartier Mouassine
✆ + 212 5 24 42 65 50
http://dar-cherifa.com
reservation@marrakech-riads.com
Ouvert tous les jours de 10h à 20h en été et de 9h à 19h en hiver.

La plus vieille habitation de la médina recensée à Marrakech qui date de la fin du XVe siècle. Longtemps délaissée, elle est désormais restaurée dans le respect de son architecture originelle et a retrouvé toute sa superbe : arabesques en stuc, bois de cèdre sculpté, gigantesque patio magnifique. Mais l'intérêt du lieu n'est pas uniquement esthétique. Dar Cherifa s'est mué en une sorte de rendez-vous culturel : expositions de photos, de peintres ou de sculpteurs, concerts, ateliers de calligraphie, échanges littéraires, etc. Des ouvrages sur le Maroc y sont aussi en consultation libre, et puisque Dar Cherifa est aussi salon de thé, vous pourrez y siroter un thé à la menthe, un jus, et grignoter quelques pâtisseries tout en découvrant ce pan culturel de Marrakech.

FONTAINE MOUASSINE

Rue Mouassine

Visible depuis la rue, mais fermée au public.

La plus grande des fontaines publiques de Marrakech (18 mètres) a été édifiée par le Saadien Moulay Abdallah El-Ghalib, vers 1570. Elle fait partie du complexe Mouassine. De la rue, trois belles arcades sculptées laissent entrevoir les trois principaux bassin – un pour les hommes, un réservoir et un pour les animaux. Malheureusement, la fontaine est aujourd'hui fermée au public

Face à la fontaine (les fontaines faisaient autrefois partie intégrante des mosquées), de l'autre côté de la rue, on remarquera la mosquée Mouassine, édifiée en 1571 par Moulay Abdallah. Une bibliothèque et une medersa complétaient cet ensemble habité par des notables en lien avec le pouvoir saadien.

LE JARDIN SECRET ★

121, rue Mouassine

✆ +212 5 24 39 00 40

www.lejardinsecretmarrakech.com/fr

info@lejardinsecretmarrakech.com

© LE JARDIN SECRET

Le jardin secret.

Ouvert de 9h30 au coucher de soleil. A partir de 50 DH l'entrée, gratuit pour les moins de 12 ans.

Ouvert en 2016, après plusieurs années de rénovation, ce palais arabo-andalou datant du XVIe siècle, à l'époque de la dynastie Saadienne témoigne de la beauté architecturale islamique. Aujourd'hui, le Jardin secret est un jardin exotique composé de plantes du monde entier et d'un jardin islamique. Tous deux ont été conçus par le paysagiste Tom Stuart Smith. Le lieu est une belle initiative culturelle au cœur de la médina. Une librairie ainsi qu'un café vous accueillent pour profiter de cet édifice chargé d'histoire.

KOUBBA EL-BA'ADIYNE

Possibilité de visiter la koubba, sous réserve de la fin des travaux de rénovation.

La koubba El-Ba'Adiyne ne mérite pas franchement le détour, mais comme c'est le seul et unique vestige de l'art almoravide... Il s'agit d'une coupole du XIIe siècle, annexe de la première mosquée Ben Youssef, dont les fondations sont beaucoup plus basses que le niveau de la rue. La koubba almoravide fut déterrée en 1948 et restaurée. Il faut donc descendre dans une fosse par un petit escalier de pierre pour découvrir cet édifice rectangulaire abritant un bassin à ablutions de pierre. De chaque côté de la koubba, de petites cellules souterraines servaient vraisemblablement de vestiaire et de hall d'attente pour les fidèles avant les ablutions.

MAISON DE LA FRANCE-DAR MOULAY ALI

Rue Ibn Khaldoun
✆ +212 5 24 44 69 30
Ouvert du mardi au samedi de 10h à 18h. 40 DH, gratuit pour les moins de 12 ans. Verre de thé offert.
C'est aux pieds de la Koutoubia que l'on trouve le Dar Moulay Ali qui a ouvert ses portes en mai 2017. Ce Palais du XIXe siècle, ancien consulat de France, a été rénové avec soin. Aujourd'hui, il accueille en son sein un espace d'exposition et de rencontre, mais aussi un salon de thé et une petite boutique de souvenirs. La grande salle nous fait découvrir l'histoire passionnante de cet édifice. Le salon de thé est l'endroit idéal pour se rafraîchir sous les palmiers. Régulièrement des artistes exposent leurs œuvres.

MAISON DE LA PHOTOGRAPHIE ★

46, rue Ahal Fès, kaat Ben Nahid
✆ + 212 5 24 38 57 21
www.maisondelaphotographie.ma
maisondelaphotographiemaroc@gmail.com
Entre la place du Moukef et la médersa Ben Youssef.
Ouvert tous les jours de 9h30 à 19h. Entrée 40 DH, gratuit pour les moins de 12 ans. Ticket d'entrée réutilisable.
Au travers d'expositions photographiques et de projections vidéo, ce joli « dar » vous propose de plonger dans la vie quotidienne des Marocains entre 1870 et 1950, entre portraits d'habitants et scènes de vie. Réunissant les fonds documentaires de deux collectionneurs, ce musée détient environ 5 000 photographies et 2 000 plaques de verre. Pour éviter que les visiteurs locaux ne se lassent, le lieu change ses expositions tous les trimestres. Un petit café en terrasse permet de déjeuner sur le pouce tout en profitant de la vue

LA FONTAINE CHROB OU CHOUF, L'UNE DES PLUS CÉLÈBRES DE LA MÉDINA

C'est du côté de la Medersa Ben Youssef qu'il vous faudra ouvrir les yeux pour repérer l'une des plus emblématiques fontaines de la ville. « Chrob ou chouf », qui se traduit par « bois et regarde », est une invitation qui vous permettra d'apprécier le travail minutieux du bois sculpté qui caractérise cette fontaine classée au patrimoine mondial par l'Unesco depuis 1985.

sur les toits de la médina. Également un coin librairie et de belles affiches de Marrakech au début du XXe siècle.

MOSQUÉE BEN YOUSSEF

Accès limité aux musulmans.

La mosquée Ben Youssef fut le point central autour duquel se forma, au XIIe siècle, la médina de Marrakech. Aujourd'hui encore, une large avenue (autrefois il s'agissait d'une place) passe devant l'entrée de la mosquée et la sépare de la koubba almoravide et des boutiques de cuirs qui jouxtent le souk. Ce terre-plein, fréquemment transformé en terrain de foot, fait l'angle avec l'école de karaté (contiguë au mur de la mosquée !) et une école de jeunes filles. La mosquée Ben Youssef, sobre édifice bâti par les Almoravides puis rasée et reconstruite par les Almohades, est dédiée à Sidi Youssef ben Ali, ce saint patron de Marrakech atteint de la lèpre et qui mena une vie d'ascète parmi ses compagnons mendiants. Il ne reste pas grand-chose de l'architecture almohade : une première restauration de la mosquée, au XVIe siècle, puis une seconde, à la fin du XIXe siècle, banalisèrent ce lieu de prière. Seul le minaret, très sobre, se remarque de loin : haut de 40 m, il permet de se repérer lorsque l'on arpente le souk.

MUSÉE BOUCHAROUITE

Azbezt
107, derb El Cadi
✆ +212 5 24 38 38 87
www.lacollectionberbere.com
museeboucharouite@gmail.com
À côté de la mosquée d'Azbezd
Ouvert tous les jours de 9h30 à 18h, sauf le dimanche. Salon de thé. Entrée : 40 DH, gratuit pour les moins de 16 ans.

© ZODEBALA

Tapis colorés dans le souk de Marrakech.

Le musée doit son nom à ses tapis boucharaouites, une collection de tapis uniques « bout de chiffon », faits à la main par des femmes berbères. Dégustation de cocktails de fruits naturels sur la terrasse fleurie, à l'ombre de l'olivier.

MUSÉE DE MARRAKECH (PALAIS MENEBHI) ★

Place Ben Youssef
✆ +212 5 24 44 18 93
www.museedemarrakech.ma
musee.de.marrakech@menara.ma
Ouvert tous les jours de 9h à 18h30. Entrée : à partir de 50 DH. Enfant de moins de 12 ans : à partir de 30 DH.
Musée installé dans un des plus beaux palais de la ville impériale, construit à la fin du XIXe siècle et entièrement restauré à l'identique. Avec sa large et belle collection d'artistes marrakchis, toutes époques confondues, le musée de Marrakech est une bonne introduction à la visite de la ville.

QUARTIER DES TANNEURS ★

Accès par Bab Debbagh.
Accès libre.
Sacs, poufs, babouches... tout le cuir que vous admirez dans les souks vient d'ici. Même si le quartier des tanneurs de Marrakech n'est pas aussi impressionnant que celui de Fès, il mérite la visite, ne serait-ce que pour se familiariser avec ce long processus de transformation. Vous comprendrez les méthodes ancestrales qui permettent aux peaux de se transformer en pièces de cuir souple. Les odeurs y sont fortes, un petit bouquet de menthe vous sera proposé à l'entrée. En ressortant, c'est certain, vous ne regarderez plus votre futur achat en cuir de la même façon !

SOUK AUX CUIVRES ★

Face à la mosquée El-Hana, tourner à droite en direction du souk des bois et Bab Doukkala. Avancer quelques mètres et tourner à la première à droite : vous y êtes !

© ATAMU RAHI – ICONOTEC

Souk des tanneurs.

L'une des plus fantastiques venelles de Marrakech. Très difficile à découvrir, cette petite rue est une véritable caverne d'Ali Baba, qui propose les plus beaux objets de cuivre blanc ou de bronze : théières, plateaux, couverts, cuves, quelques beaux spécimens de poignards ou de bijoux ainsi que des lanternes aux sculptures hallucinantes. On ne sait quelle boutique recommander tant tous ces marchands sont sympathiques et présentent, à des prix fort abordables, des objets d'une qualité irréprochable. Profitez-en, car un artisanat comme celui-ci est de plus en plus rare. Là, plus que nulle part ailleurs, on vous abordera pour bavarder. La plupart des vendeurs sont étudiants en droit ou en médecine : ils vous fourniront de précieux renseignements sur la vie de la médina et sauront faire de cette rencontre un moment privilégié.

SE RESTAURER

Un petit creux après tout ce shopping ? De plus en plus de restaurants se sont ouverts dans les souks, vous aurez l'embarras du choix. Voici quelques bonnes petites adresses. Le Café des Epices sur la Place du même nom est une référence pour une pause snacking au cœur des souks, avec vue sur le marché en plein air. Juste en face, le Café Nomad, et sa carte originale, à ne pas manquer !
Dans un autre genre, l'une des meilleures tables de gastronomie marocaine, le Palais Soleiman, se trouve aussi dans le quartier. Au nord de la médina, les dernières adresses qui font parler d'elles, Le Merstan ou encore La Ferme, à découvrir sans tarder.

Le souk aux cuivres où les dinandiers martèlent le métal de façon ancestrale.

BIEN ET PAS CHER

BEATS BURGER

35 Souk Jeld Kimakine
✆ +212 5 24 39 12 13
www.beatsburger.com
Ouvert tous les jours midi et soir. Burgers à partir de 70 DH ; bagels à partir de 55 DH.

Beats Burger vous invite à déguster un bon burger en musique. Un concept qui séduit principalement touristes et expatriés depuis 2015. Vinyles accrochés aux murs, pochettes d'opus disséminées un peu partout : le thème était une évidence pour Charles, mélomane et patron du restaurant. D'autant que celui-ci se situe à l'entrée du souk Jeld, souk aux cuirs, dont certains servent à fabriquer des instruments de musique (c'est tout à côté qu'a lieu tous les matins, sauf le vendredi, la criée pour vendre les peaux). Côté carte, le burger phare reste le God save the beats, au fromage de chèvre et à la sauce moutarde et miel, du vrai *fooding* à la sauce marocaine !

CAFÉ DES ÉPICES

75, rahba Lakdima
✆ +212 5 24 39 17 70
terrassedesepices@yahoo.com
Ouvert dès 9h pour le petit déjeuner, jusqu'à 22h en service continu.

Vous êtes fatigué par l'animation des souks, vous êtes chargé parce que vous avez craqué pour des couvertures ou des poufs ? La pause s'impose dans ce lieu calme et ventilé. Au Café des Epices, vous pourrez grignoter un sandwich ou boire un thé dans un décor épuré, fait de canapés marron glacé, de sièges en osier et de tables rouges laquées. L'établissement compte également deux terrasses très sympathiques, dont celle du toit plat qui vous attend avec parasols et chapeaux de paille. Le rapport qualité-prix est excellent, le personnel est serviable, souriant et rapide ! Fort de sa bonne réputation, le lieu est très convoité le week-end par les familles. Prévoyez donc 10 minutes d'attente : le temps de repérer vos prochains achats dans les boutiques des apothicaires !

CAFÉ LE BOUGAINVILLIER
33, rue Mouassine
✆ +212 5 24 37 80 67
lebougainvilliercafe@yahoo.com
Ouvert tous les jours de 10h à 22h. Pastilla autour de 80 DH. Couscous autour de 90 DH.
Ce lieu calme et frais offre un bon rapport qualité-prix. Une adresse que l'on recommande à toute heure de la journée.

LA FAMILLE
à côté du Palais Bahia
42, riad Zitoun Jdid
✆ +212 5 24 38 52 95
2 services à 12h30 et 14h. Repas entre 90 DH et 130 DH. Ouvert uniquement pour le déjeuner. Fermé le dimanche.
La Famille est un restaurant-boutique au cœur de la médina. Une petite découverte qui enchantera les gourmands et les amateurs de shopping avec une carte végétarienne proposant une cuisine fraîche dans un cadre plus qu'agréable ! Pizzas, pâtes, salades et brochettes sont servies au milieu d'un jardin sur deux niveaux aux teintes claires, peuplé de bougainvilliers et d'orangers. Une bulle d'air frais au cœur du tumulte de la médina !

KAFÉ MERSTAN
2, rue Souk Chaaria Kaat Benahid
✆ +212 5 24 38 67 65
Ouvert tous les jours entre 10h30 à 22h. A la carte entre 40 et 90 DH.
C'est dans une déco *beldi* (traditionnel marocain) que l'on profite d'une pause au cœur de la médina pour se rafraîchir et déguster l'une de ces spécialités marocaines : briouates, pastilla au poulet ou encore tajine aux légumes. La terrasse du rez-de-chaussée est un petit coin de calme appréciable, celle du deuxième, quant à elle, offre le spectacle des passants. Une adresse sympa, idéale pour faire une pause après une longue marche dans la médina.

KUI-ZIN
Sidi Abdelaziz
12 rue Amsafah
✆ +212 5 24 39 09 84
www.kui-zin.com
info@kui-zin.com
Ouvert tous les jours de 10h à 22h30. Comptez en moyenne 170 DH pour un repas complet, boisson comprise.

NARANJ
84 rue Riad Zitoun Jdid
www.naranj.ma
wahibkalai@yahoo.com
Ouvert tous les jours de 11h à 23h. Plats entre 49 et 100 DH.
Cette adresse de la médina, ouverte en 2016, est l'occasion d'apprécier une cuisine méditerranéenne aux influences marocaine et libanaise ! Un petit échantillon de la carte qui vous donnera forcément l'eau à la bouche ; purée de pois chiches, sésame et viande hachée, taboulé avec son boulgour, persil, tomates et menthe ou encore les délicieux raviolis de bœuf à la sauce yaourt ! Une belle table au cadre sobre et agréable, à deux pas de la place.

BONNES TABLES

LE CAFÉ ARABE
184, rue Mouassine
✆ +212 5 24 42 97 28
www.cafearabe.com
info@cafearabe.com
Face au Jardin Secret.
Ouvert tous les jours de midi à 1h du matin. Tajine à partir de 130 DH.

BEATS BURGER ! DU « SON » ET DES BURGERS AU CŒUR DE LA MÉDINA !

Rencontre avec Charles, jeune lyonnais installé à Marrakech et qui a monté le projet de ses rêves, un restaurant qui allie ses deux passions, les hamburgers et la musique électro ! *Beats Burger* est un concept qui cartonne à Marrakech ! Zoom sur l'expérience de ce jeune français qui n'a pas froid aux yeux !

Charles, nous sommes au cœur de la médina, en train de déguster un délicieux burger, si tu pouvais nous décrire le concept de ton établissement en quelques mots ?

De bons gros burgers frais, genre les burgers d'Oncle Sam avec une touche marocaine et du « beat » bien sûr, des vinyles... L'idée était de proposer un plat qui ne soit pas marocain et le hambuger m'a paru une excellente idée. *Beats Burger*, c'est un peu l'extraterrestre de la médina.

Comment es-tu arrivé à Marrakech et pourquoi la « Ville ocre » spécifiquement ?

À la base, je suis venu à Marrakech pour travailler avec mon cousin et me former au management et à la gestion dans le domaine de la restauration dans l'optique d'ouvrir un établissement en France. Et puis je me suis vite senti à l'aise à « Kech ». J'ai fait une petite étude de marché et me suis rendu compte qu'un burger dans la médina, ça pouvait le faire.

Et ça marche ?

Oui, là, ça commence à prendre pas mal. Je vois bien que ça grandit petit à petit, c'est surtout le bouche à oreille qui marche ici.

Alors ? C'est quoi la clef du succès ?

Nous offrons une alternative à la cuisine marocaine, un côté moins traditionnel. Les gens passent et flashent sur le concept, en plein milieu de la médina, ça change des tagines et des babouches. C'était pas vraiment réfléchi, en fait... J'avais juste envie de faire ce que j'aime. Un restaurant de burgers dans une déco mêlant l'ambiance des restaurants new-yorkais dans le contexte traditionnel et atypique de la médina, ça me plaisait bien...

Et si tu nous parlais de ton parcours ?

J'ai un bac +5 et des expériences très différentes les unes des autres. Je travaille dans la restauration depuis que j'ai 18 ans. J'ai débuté à la plonge puis j'ai été barman, directeur...

Pour toi, quels sont les avantages de vivre à Marrakech ?

La beauté du souk, ses petites échoppes pleines de couleurs, les paysages magiques de l'Atlas. Depuis certaines terrasses, le panorama est fabuleux, la chaîne de l'Atlas en toile de fond, on ne s'en lasse pas ! Et petit plus, Marrakech est accessible, c'est juste à trois heures d'avion de Paris, je trouve ça agréable.

Plusieurs ambiances coexistent ici, à vous de choisir ! Un premier petit salon plutôt branché vous permet de profiter de confortables canapés en cuir. Les couleurs sont chaudes, les tons vifs. Dans le patio, on peut déguster, à l'ombre des orangers, des entrées telles que briouate de légumes, bruschetta à la mozzarella (la vraie ! le chef Alberto est italien) ou des nems au fromage (entre 60 et 120 DH) !

L'avantage, c'est que l'on peut également venir ici pour siroter un petit chianti en toute tranquillité, sur fond de musique arabe ! Sur la terrasse, l'endroit est paradisiaque au coucher du soleil. La carte des vins est fournie, le choix de plats est infini…

DAR CHERIFA

8, derb Cherfa Lakbir
Quartier Mouassine
✆ + 212 5 24 42 65 50
http://dar-cherifa.com
reservation@marrakech-riads.com

Plats à la carte à partir de 40 DH. Restaurant ouvert tous les jours de 10h à minuit, sauf mercredi jusqu'à 19h.

Le cadre magique de Dar Cherifa vaut le détour, surtout pour le déjeuner. La carte ne propose que quelques plats et pourtant cela semble suffire. Au menu, le fameux poulet au gingembre et orange, tajine de kefta au œufs ou encore polpettone de poulet avec purée. Les végétariens trouveront aussi leur bonheur avec la salade Cherifa et le couscous aux légumes sautés. Les tarifs sont largement abordables. Une adresse qu'on apprécie !

DAR MIMA

Riad Zitoune Jdid
9 derb Zaouia el-Kadiria
Près du musée Dar Si Saïd
✆ +212 5 24 38 52 52
dar_mima@yahoo.fr

Ouvert tous les soirs de 20h à 1h, sauf le mercredi. Comptez environ 220 DH par personne pour un repas complet.

BONNES ADRESSES

Pour connaître les nouveaux restaurants, les DJ invités dans les discothèques, les événements à ne pas manquer, bref, pour se tenir informé de ce qui se trame à Marrakech, un livret gratuit est à votre disposition chaque mois dans la plupart des hôtels et à l'office de tourisme. Ce *Marrakech Pocket* vous aidera à sortir en connaissance de cause ! À consulter également en ligne : www.marrakechpocket.com

D'autres magazines ou sites Web sont disponibles, avec des infos fraîches sur l'actualité de la ville rouge et les bons plans, *La Tribune de Marrakech*, distribuée dans tous les bons kiosques, et sur le Net Made in Marrakech, www.madein-marrakech.com.

Souk facil' est une petite brochure sous forme de guide de balades, surtout à travers les souks, vous suggérant des petits circuits à réaliser sans se perdre, avec des mini plans à l'appui. Tiré à 30 000 exemplaires, nul doute que vous le dénicherez dans l'une de leurs boutiques partenaires.

Une excellente cuisine marocaine dans un riad à l'ambiance chaleureuse, idéale pour les amoureux. Mention spéciale à la pastilla de pigeon et à l'accueil de Mima, la maîtresse des lieux.

LE FOUNDOUK

55, souk Hal Fassi
Kat Bennahïd
✆ +212 5 24 37 81 90
www.foundouk.com
contact@foundouk.com
En taxi, demandez la place du Mokef.

Ouvert de 19h à minuit. Fermé le mercredi. Compter 350 DH à la carte pour un repas complet.

Ce superbe restaurant est niché, comme son nom l'indique, à l'intérieur d'un foundouk ou caravansérail. Sa décoration est sobre et agréable, en stuc, céramique et bois, agrémentée d'un mobilier contemporain. Cuisines marocaine et internationale avec entre autres, un pageot farci à la chermoula, un carpaccio de betterave au cumin, ou encore une salade de magret fumé. Belle terrasse avec vue sur l'Atlas. Une adresse à découvrir absolument, tant pour la qualité de sa gastronomie que pour son cadre (fleurs, fontaine murale...). Sans oublier que ce restaurant semble s'être spécialisé dans les alcools, proposant divers cocktails au champagne, à la tequila, au rhum... mais aussi des vins d'Essaouira !

KABANA

R'mila
1 Kissariat Ben Khaled
rue Lalla Fatema Zahra
✆ +212 6 37 30 45 56

Ouvert tous les jours de 11h30 à 2h du matin. Brunch à la carte le dimanche de 11h30 à 18h.

Quand on dit Kabana, on pense d'abord à son rooftop avec vue imprenable sur la Koutoubia. Pour mériter le privilège de se retrouver dans ce lieu très inspirant, il faut entamer joyeusement l'ascension des étages, mais la récompense en vaut la chandelle. D'incroyables cocktails figurent sur la carte, de même des briouates dorés et tapas en tout genre qui accompagneront judicieusement vos breuvages. C'est John Quinn, un décorateur écossais, qui a mis en scène ce toit-terrasse baigné de lumière à l'ambiance raffinée ultra cosy jouant avec des tuiles de céramique et des luminaires design. Live bands et DJs y mettent le feu le samedi soir.

LIMONI

Bab Taghzout
40 Dyour Saboun
✆ +212 5 24 38 30 30
adrianopirani@gmail.com

Ouvert de 12h à 23h30 en service continu. Formule à midi : 120 DH.

Récente adresse italienne dans le nord de la médina (du côté de Bab Tahzout), un endroit raffiné et agréable pour manger un bon plat de pâtes. La déco est originale et la cour ombragée offre le cadre parfait pour apprécier comme il se doit une bonne pause déjeuner. Le menu du jour (servi seulement le midi) vous laisse le choix entre cuisine marocaine et italienne. N'hésitez pas à déjeuner ou à dîner sur la terrasse, c'est un espace reposant et plein de charme.

NOMAD CAFÉ

1, derb Aarjane
✆ +212 5 24 38 16 09
www.nomadmarrakech.com
info@nomadmarrakech.com

Ouvert tous les jours de 12h à 23h. Plat à partir de 100 DH ; menu complet autour de 250 DH.

Déco sobre qui mêle ambiance rétro et *beldi*. Depuis 2014, le Nomad café (dernier né de Kamal Laftimi, après le Jardin et le Café des épices) revisite avec modernité la tradition marocaine, que ce soit dans le design du lieu ou le menu. La table du Nomad se démarque par ses accompagnements et ses assaisonnements toujours surprenants, des associations gustatives qui nous font redécouvrir des plats typiquement marocains... Depuis la terrasse, vous apprécierez la vue imprenable sur la médina. L'une des adresses les plus *trendy* de la médina !

SOUK KAFÉ

Suivre la rue Riad Laarouss
direction souk jeld
11 Derb Souk Jedid, Sidi Abdelaziz
✆ +212 6 62 61 02 29
Prenez la rue Riad Larous
après la mosquée Sidi Abdelaziz.
Ouvert tous les jours de 11h à 23h. Menus à partir de 130 DH. Couscous à partir de 100 DH.

SHTATTO

Rahba Lakdima, 81 derb Nkhal
✆ +212 5 24 37 55 38
Tous les jours de 9h à 23h.
Ce nom aux intonations imprononçables fait référence à l'existence d'une ancienne fabrique de tamis (*shtatto*) transformée désormais en un véritable building de style et de créativité. Pour arriver au sommet, la grimpette s'impose et l'on découvre sur les différents étages, tantôt un coiffeur, tantôt une boutique exposant des créateurs marocains tendance, l'univers kitch excentrique de Hassan Hajjaj ou encore les sacs signés Nassire. Ouf, arrivés à bon port, on a bien mérité de se laisser choir sur une banquette verte et se faire servir un jus frais maison à l'ombre des bananiers. Ce n'est pas par hasard si Shtatto s'est hissé dans le top 5 des terrasses les plus branchées où admirer une vue à 360° que rien ne vient obstruer.

LA TABLE DU PALAIS

Quartier mouassine
63, rue Sidi El Yamani
✆ +212 5 24 38 50 51
www.palaislamrani.com
latabledupalais@palaislamrani.com
Ouvert de 12h à 14h30 sauf le dimanche, le soir de 18h30 à 21h30. Formule entrée, plat, dessert à partir de 250 DH.
C'est au sein du somptueux palais-riad Lamrani que l'on trouve cette jolie table. Jardin arboré, fontaine en mosaïque et ses pétales de rose, le soir les lanternes s'allument pour une ambiance tamisée... Au menu, une carte qui change selon l'humeur du chef, avec une cuisine internationale, mais aussi marocaine. Une formule entrée, plat et/ou dessert est proposée. Très bon rapport qualité-prix.

TERRASSE DES ÉPICES

15, souk Cherifia
Quartier Sidi Abdelaziz
✆ +212 5 24 37 59 04
www.terrassedesepices.com
terrassedesepices@yahoo.com
A 300 m de Dar el Bacha.
Service tous les jours entre 12h et 15h30 et 18h30 et minuit. Comptez autour de 250 DH pour un repas hors boissons.
Une excellente adresse, tenue par Nicolas Nancy, un jeune Français arrivé à Marrakech en 2004. C'est une fois la nuit tombée que le cadre prend toute son ampleur... L'atmosphère est enchanteresse, la carte délicieuse

et les portions généreuses. Cuisine d'inspirations marocaine et internationale : grillades, salades, pastillas, briouates... À découvrir !

LUXE

PALAIS SOLEIMAN

54, boulevard du 11-Janvier,
Kaa el Machraa
✆ +212 5 24 37 89 62
www.palais-soleiman.com
contact@palais-soleiman.com
En face de la Wilaya.

Ouvert tous les soirs, sauf le lundi, de 19h30 à 1h du matin. Fermeture annuelle en août. À la carte environ 350 DH.

Merveille de l'architecture marocaine, le palais Soleiman éblouit par ses zelliges, sa dentelle, ses splendides salons, ses terrasses et couleurs, un ravissement pour les yeux, mais aussi rapidement pour les papilles. Le lieu, à lui seul, vaut le détour. Laissez-vous tenter par ses assortiments de salades marocaines parfumées, ses tagines succulents et couscous variés, ses pâtisseries ou pastillas. De petits trésors dans vos assiettes dans un écrin digne des Mille et Une Nuits.

LE TOBSIL

22, derb Moulay Abdallah
ben Hessaien
Bab Ksour
✆ +212 5 24 44 40 52
restobsil@yahoo.fr

Ouvert tous les soirs sauf le mardi de 19h30 à 23h, menu complet avec vin à partir de 650 DH.

C'est probablement l'endroit idéal pour les amoureux, l'ambiance y est feutrée et chaleureuse. Installé au cœur de la médina, le Tobsil (qui veut dire l'assiette en arabe marocain) vous propose de déguster une cuisine traditionnelle marocaine composée de bons produits du marché. Chaque jour un menu unique est proposé pour un défilé de plat à la marocaine, le menu change régulièrement (pastilla, tajine d'agneau de poulet, couscous ou encore coquelet). Une bonne adresse !

© LE TOBSIL

Le Tobsil.

SHOPPING

Il est très difficile d'indiquer de bonnes adresses de shopping dans les souks. Presque tous les magasins peuvent l'être, cela dépend de vos qualités de négociateurs, de l'humeur du vendeur, de son chiffre d'affaires de la journée, etc. Si une adresse est bonne, c'est que vous aurez su négocier le bon prix !
Les adresses que nous indiquons ici sont donc celles où les prix annoncés correspondent le plus à la réalité, où la qualité est bonne et où l'accueil permet de se livrer au rituel indispensable du marchandage.
Dans tous les cas, évitez les boutiques bordant la place, beaucoup plus chères, n'hésitez pas à comparer les produits de différentes échoppes pour vous faire l'œil et négociez les prix en conservant votre bonne humeur, vous arriverez toujours à un tarif plus satisfaisant. Sachez aussi qu'au sein du souk on trouve de plus en plus de boutiques branchées ; créateurs et stylistes revisitent le style traditionnel marocain, style qu'on nomme joliment « beldi chic » très tendance, les amateurs de shopping seront aux anges !

Pratique : les souks de Marrakech sont ouverts de 9h à la tombée de la nuit. De nombreuses échoppes d'artisans sont fermées le vendredi. Ce jour-là, vous aurez donc moins de choix, mais plus de tranquillité pour flâner, c'est parfois préférable ! Évitez de vous retrouver dans la médina après 21h si vous ne connaissez pas votre chemin, ce n'est pas forcément dangereux, mais lorsque les commerçants ferment boutique, la médina est déserte et austère.

ANTIQUITÉS

Dans les échoppes des souks, vous trouverez parfois des vieilles lampes papillon, des objets en bakélite, de l'argenterie, de la vaisselle ou des lampes et lampadaires de l'époque du protectorat. Toutefois, il vous sera difficile d'obtenir de bons prix dans la médina, où l'on vous verra venir de loin, sauf si vous y allez accompagné d'un ami marocain. L'argenterie provient généralement des hôtels d'antan : couverts, pichets et seaux à champagne ne sont pas rares. Le vendeur vous dira que les réargenter ne coûte pas cher : il aura raison, c'est vrai au Maroc. Mais c'est une opération qui coûte trois fois plus cher en France. A vous de le faire savoir et de négocier au mieux. Si l'on vous dit qu'un tapis est très ancien, retournez-le : la vivacité des couleurs du revers vous montrera l'habileté à faire vieillir l'endroit. Marrakech est une ville célèbre pour ses antiquités. Dans les années 1930, c'était même la capitale mondiale du blanchiment du commerce d'antiquités rarissimes ! Aujourd'hui, on y trouve surtout des pièces marocaines et berbères, mais le toc et les copies ont une fâcheuse tendance à côtoyer l'authentique. Méfiance donc, lorsqu'on vous affirme que tel ou tel article est très ancien ; la plupart du temps cela signifie qu'il a connu l'indépendance (1965). Il existe toutefois quelques antiquaires proposant des objets intéressants.

ALNOUR

19, Derb Moulay El Ghali
Quartier Laksour
✆ +212 524 39 03 23
www.alnour-textiles.com
alnour.marrakech@gmail.com
Ouvert de 9h30 à 18h30. Prix fixes.
Spécialisé dans la broderie du textile (tradition ancestrale au Maroc), Alnour Textile vous propose une panoplie de produits allant du linge de maison aux vêtements et accessoires. Ici tout est fait à la main et le résultat vaut le détour ! Alnour Textile n'est pas une entreprise comme les autres, elle s'engage à travailler et former des femmes artisanes handicapées de la région de Marrakech. Une démarche pas comme les autres qui a su retenir notre attention pour la beauté des produits, mais aussi pour la bonne cause.

© ALNOUR

Djellaba pour enfants en jersey de coton chez Alnour.

CHABI CHIC

Derb Arjan ✆ +212 5 24 38 15 46
Ouvert 7/7 de 11h à 15h30 et de 17h à 20h30. Showroom à Sidi Ghanem, de 9h à 13h et de 14h à 19h, fermé le dimanche.
Des créations authentiques et tendance pour donner une touche élégante à son intérieur. Un concept lifestyle revisitant l'artisanat marocain de façon éminemment moderne. Vaisselle artisanale, accessoires de déco, produits de beauté, bijoux et petit mobilier en cannage. Chaque collection aborde un thème et développe une esthétique chic et 100 % artisanale made in Morocco. Autres boutiques au 106 rue Kennaria (prendre à l'angle du Café de France), au Beldi Country Club et dans Guéliz (nouveau concept store [boutique/spa/restaurant]). A découvrir sans tarder !

Autre adresse : Showroom Chabi Chic, Sidi Ghanem N322 - rue Principale, Sidi Ghanem – ✆ +212 5 24 35 65 60

LES SOUKS

FONDOUKS

Les magasins d'antiquités les mieux approvisionnés ne sont pas les plus visibles : pénétrez dans les fondouks, là où les touristes n'osent pas se rendre. Il s'agit d'anciennes auberges devenues aujourd'hui lieu de stockage de marchandises commerciales. On vous y présentera quelques pièces rares, et parfois remontant à quelques siècles. Accueil charmant, surtout si vous êtes connaisseur : ici, on ne cherche pas à vous refourguer des imitations.

LA MAISON DU CAFTAN

Quartier Mouassine
65 rue Sidi Yamani
✆ +212 5 24 44 10 51
maisonducaftan2015@gmail.com
Ouvert tous les jours de 10h à 20h.
Très jolie boutique de caftans travaillés à la main, on y trouve aussi sarouals, chemisiers et tuniques élégantes. Les prix sont un peu élevés, mais la qualité est au rendez-vous. Alors pourquoi ne pas se laisser aller et craquer sur l'une de ces pièces ?

LA MAISON DU TISSAGE

11, Znikt Rahba
Médina
✆ +212 6 61 60 12 66
A 50 m de la place Jemaâ el-Fna, suivre la direction du restaurant Dar Tim Tam.

« MSYER » OU CITRON CONFIT

Pas de cuisine marocaine sans cet ingrédient magique et c'est fou ce qu'un peu de citron confit peut apporter comme arômes et du peps à un tajine, un poulet, une marinade ou une *chermoula*. On peut se le procurer déjà prêt chez les vendeurs d'olives, mais aussi le préparer à la maison (en grande quantité vu qu'il se conserve très bien) à l'image des Marocains qui perpétuent cette tradition.
Pour ce faire, il suffit de disposer de citrons jaunes et de sel. Selon la tradition à Marrakech, on utilise les citrons Beldi, mais de petits citrons bio feront l'affaire. Pour qu'il devienne parfumé à souhait, il faut faire preuve de patience. Indispensable dans tout tajine qui se respecte, c'est son écorce qui est souvent utilisée.

Ingrédients pour un grand bocal : 10 citrons bio non traités, 1 kg de gros sel, 1 litre d'eau.

Préparation : stériliser les bocaux en les passant 15 min au four à 160 °C et laisser refroidir. Brosser, essuyer et fendre les citrons en quatre, mais sans aller jusqu'au bout de l'incision afin de ne pas séparer les quartiers. Les saupoudrer de sel et les refermer pour leur redonner leur forme initiale. Les disposer dans le bocal en les serrant. Parsemer de gros sel, couvrir d'eau bouillie en veillant à ce que tous les citrons soient immergés puis fermer hermétiquement le bocal. Les laisser mariner à l'abri de la lumière dans un endroit sec au minimum un mois, idéalement deux mois. La saveur développée lors de cette fermentation est extrêmement riche et savoureuse.

Le citron dit Beldi ou Limonette de Marrakech est une variété de citrus au parfum enivrant de la taille d'une mandarine, cultivé principalement dans la région de Marrakech. Initialement destiné aux notables, le citron Beldi, juteux et acide, est désormais l'un des ingrédients fondamentaux de la cuisine marocaine. Il est récolté une fois par an, de fin décembre à fin février.

Ouvert tous les jours de 9h30 à 21h. Appelez en priorité sur le mobile.
De superbes tissus en soie, cachemire, coton et fils de Sabra. L'atelier est situé dans la boutique, où un bon accueil vous sera réservé : vous pourrez donc admirer au passage la patience des *maâlems* (tisserands) qui confectionnent de beaux souvenirs à rapporter dans vos valises : nappes, couvre-lits, djellabas, babouches…

MARCHÉ DE LA PLACE DES ÉPICES
Place des Epices
Vannerie et ustensiles en bois sont vendus sur la place. Vous y trouverez pléthore de paniers en osier et, bien sûr, des épices de très bonne qualité.

© SÉBASTIEN CAILLEUX

La place du marché aux épices, dans la médina.

GALERIE DES CRÉATEURS-SOUK CHÉRIFA

La Galerie des créateurs du Souk Chérifa rassemble des créateurs du monde entier, qui s'inspirent des techniques ancestrales traditionnelles du Maroc, maroquinerie, travail du cuir ou encore tissage et broderie. Cette galerie se compose d'une multitude de boutiques qui mêlent la richesse artisanale marocaine aux nouvelles tendances, un résultat surprenant qui vaut le détour. Nous avons sélectionné quelques boutiques, histoire de vous donner l'eau à la bouche.

SISSIMOROCCO
Sous le restaurant La Terrasse des épices
Souk Cherifia, sidi Abdelaziz
✆ +212 6 15 22 65 20
www.sissimorocco.com
sissimorocco@gmail.com
Ouvert tous les jours de 10h30 à 19h, fermé le mardi.
Une marque connue de tous les amateurs de shopping. Coussins, sacs et chemisiers imprimés de symboles typiquement marocains (portraits de femmes berbères et iconographie arabe), sur des matières nobles et agréables comme le cuir et le coton. De très jolies pièces à découvrir !

Autre adresse : Le Show Room de sidi Ghanem, n° 366, au-dessus de Voice Gallery

GALERIE DES TANNEURS

Rue Mouassine- Dar El Bacha - Medina
✆ +212 5 24 42 34 11 / +212 5 24 30 83 56
www.galeriedestanneurs.com
contact@galeriedestanneurs.com
Ouvert tous les jours de 9h à 19h30. Fermé le dimanche après-midi.

Spécialisée dans le travail du cuir, la Galerie des Tanneurs est une des références à Marrakech en matière de maroquinerie et de sur mesure. Bagages, vêtements, chaussures, sacs et accessoires, il y en a pour tous les goûts ! Les articles peuvent même être faits sur mesure ou reproduits à l'identique en 48h et dans l'un des 150 coloris que compte le nuancier. La qualité reste le maître mot de l'enseigne, qui s'est forgé une très belle réputation.

MAX & JAN

14 rue Amsefah, sidi Abdelaziz
✆ +212 5 24 37 55 70
https://maxandjan.com/
Ouvert tous les jours de 10h à 19h.

Max & Jan est une marque créée par le tandem de designers belge/suisse Jan et Maximilian dont la réputation n'est plus à faire à Marrakech. Dans leur étonnant concept-store, vous trouverez une large collection de produits à « shopper » : des vêtements colorés de style ethnique, des accessoires, de la déco, des cosmétiques et des bijoux.

Autre adresse : Red Bazaar by Max & Jan, Sofitel, rue Harroun Errachid, Hivernage

RIAD YIMA

52 Derb Aajane Rahba Lakdima
✆ +212 5 24 39 19 87
www.riadyima.com
Ouvert tous les jours de 10h à 18h.

Une adresse *arty* comme on les aime, et pas des moindres. Bienvenu dans l'univers de l'artiste marocain Hassan Hajjaj qui a roulé sa bosse du côté de Londres durant plusieurs années pour pratiquer son art, le design et la photo. Les œuvres qu'il propose sont des objets du quotidien largement inspirés de son enfance au Maroc et de l'esthétique pop art qu'il découvre en Angleterre. Il revient au pays natal et choisit Marrakech pour ouvrir les portes de son riad qu'il transforme en galerie d'art. Design et coloré, l'établissement s'habille d'un mobilier recyclé : pouf « couca coula », lanterne en métal récupéré, babouches revisitées et photos improbables de l'artiste. Les chambres, qui sont des espaces d'exposition, sont bien évidemment à l'image de son esthétique. Le riad dispose d'un salon de thé et d'une boutique d'art, l'occasion de se procurer l'une de ces œuvres originales, entre le traditionnel et l'underground... Une galerie à découvrir !

SARAH MAJ

Rue des Vieux Marrakchis
✆ +212 5 24 37 74 08
www.sarahmaj.com
contact@sarahmaj.com
Ouvert de 11h à 19h.

Depuis la création de sa marque en 2009, Sarah Maj a fait ses preuves. Cette jeune créatrice propose des collections mêlant les tendances italiennes et marocaines. Des créations élégantes et en séries limitées. Une adresse qui vaut le détour.

Autre adresse : Quartet boutique – 6, rue des Vieux Marrakchis ✆ +212 5 24 45 70 07 - de 10h à 13h et de 15h30 à 19h30. Fermé le dimanche.

MARCHANDAGE ET IDÉES DE PRIX

Un conseil qui peut se montrer utile lorsque vous marchandez : gardez en tête le montant du salaire moyen marrakchi – environ 3 000 DH – afin d'avoir une meilleure idée de la valeur de l'objet que vous convoitez ! Cette pratique fait partie intégrante de la culture du souk et possède de bons côtés, car elle pousse au contact et à la discussion. Prenez-la comme un jeu. Pour le marchandage, il ne faut jamais raisonner en euros ni vous dire que vous y gagnez... Le but est d'arriver à un bon prix qui satisfasse autant le marchand que vous-même. Le mieux est de connaître la fourchette de prix du produit que vous souhaitez acheter ; essayez de vous renseigner au préalable. Pour cela, vous pouvez vous rendre à l'ensemble artisanal (les prix y sont affichés et sont normalement fixes) ou demander aux Marocains. Si vous avez du temps, il est préférable de ne pas vous précipiter pour faire votre shopping. Faites un premier tour, demandez les tarifs des produits qui vous intéressent, comparez les prix et revenez avec une bonne idée en tête de ce qui vous ferait plaisir par rapport à votre budget. Enfin, règle d'or, si vous annoncez un prix et que le marchand l'accepte, vous devez vous y soumettre. Encore une fois, c'est l'honneur qui est en jeu. Ne vous laissez pas influencer, le but est de se faire plaisir. Petite astuce : si vous n'arrivez pas à vous mettre d'accord avec le marchand, feignez d'abandonner la négociation et poursuivez votre chemin, si le vendeur ne vous rattrape pas pour vous faire une proposition plus alléchante, c'est qu'il n'est pas prêt à vous vendre son produit au tarif demandé. Sachez tout de même que les Marocains eux-mêmes se voient proposer des tarifs excessifs – c'est le jeu du souk, ne le prenez pas personnellement !

Idées de prix

- **Épices,** entre 60 DH (pour du piment) et 2 600 DH le kilo (pour du safran pur).
- **Une paire de babouches en cuir,** avec les semelles cousues et non collées, sans motif ni paillettes, devrait vous coûter au maximum 100 DH.
- **Un pouf de petite taille** en peau de chèvre, sans motif ni trop travaillé, entre 120 et 180 DH et le double pour ce qu'on appelle un tabouret (un pouf un peu plus haut).
- **Autre chose importante** à savoir pour gagner de la crédibilité auprès du vendeur pendant la négociation : ôtez vos bijoux, surtout si vous portez des diamants ! Il a l'œil et fait varier le prix de l'objet en fonction des signes de richesse exposés !

SOUK AUX CUIRS ★

Autour de la porte Baba Kechich, à l'extrême est de la médina., Kechich Cette partie du souk fut isolée dès la construction de la ville car c'est ici qu'arrivent, en provenance du quartier des tanneurs, situé à Bab ed-Debbagh, les peaux à travailler. Comme ceux du souk des forgerons, les artisans qui peuplent le souk aux cuirs n'ont guère l'habitude de recevoir la visite des touristes. C'est donc un endroit où la communication est plus facile ; les rencontres sont agréables et ponctuées de nombreuses tournées de thé, sans aucun esprit mercantile. De plus, vous y verrez confectionner sous vos yeux les sacs à dos ou sacs à main, copies de grandes marques européennes ou créations artisanales, que vous achèterez plus tard.

SORTIR

Le quartier des souks a bien des attraits, entre shopping et restaurants populaires, mais certainement pas celui des sorties nocturnes. En dehors, la plupart des restaurants disposent d'une carte plus attractive avec cocktails, vins et petits plats à déguster, qu'ils soient marocains ou internationaux. La médina n'est donc pas l'endroit idéal pour faire la fête jusqu'au bout de la nuit. Pour sortir en club, rendez-vous plutôt dans la ville nouvelle, à Guéliz ou à l'Hivernage, c'est là-bas que les festivités se passent !

LE CAFÉ ARABE

184, rue Mouassine
✆ +212 5 24 42 97 28
www.cafearabe.com
info@cafearabe.com
Face au Jardin Secret.
Ouvert tous les jours de 10h à minuit, service restauration en continu de 12h à 23h.

Le salon ou la terrasse du Café Arabe est l'endroit idéal pour boire un verre si vous êtes dans la médina. Cocktails, tapas, et vin marocain pour éveiller nos papilles. Le cadre est magique !

DAR CHERIFA

8, derb Cherfa Lakbir
Quartier Mouassine
✆ + 212 5 24 42 65 50
http://dar-cherifa.com
reservation@marrakech-riads.com
Salon de thé ouvert tous les jours de 10h à 23h.

La plus vieille habitation de la médina à découvrir ! En plus d'être un centre culturel, Dar Cherifa est aussi un salon de thé, vous pourrez y siroter un thé à la menthe, un jus, et grignoter quelques pâtisseries dans le patio ou sur la terrasse.

FAFA'S BAR – PALAIS SOLEIMAN

Dar Layadi
Boulevard du 11-Janvier,
Kaa machraa
✆ +212 5 24 37 89 62
palais-soleiman.com
contact@palais-soleiman.com
Ouvert de 19h30 à 1h, fermé le dimanche.

Le bar *lounge* du palais Soleiman est l'occasion de découvrir une demeure remarquable à l'architecture arabo-andalouse. Une adresse de prestige pour savourer un cocktail et apprécier l'ambiance tamisée sur fond musical.

BAB DOUKKALA

Dar El Bache - Musée des Confluences.

IMMANQUABLE DANS CE QUARTIER

- La place des 7 saints et ses tours surmontées d'un olivier, symbolisant les patrons de la ville.
- La mosquée Bab Doukkala, une des plus anciennes de la ville rouge, datant de 1558.
- Le marché d'alimentation et ses stands très fréquentés.
- Les bouquinistes qui ont élu domicile le long de la muraille près de la gare routière.
- La porte d'entrée Ouest qui mène aux ruelles et derbs de la médina où observer la vie locale.

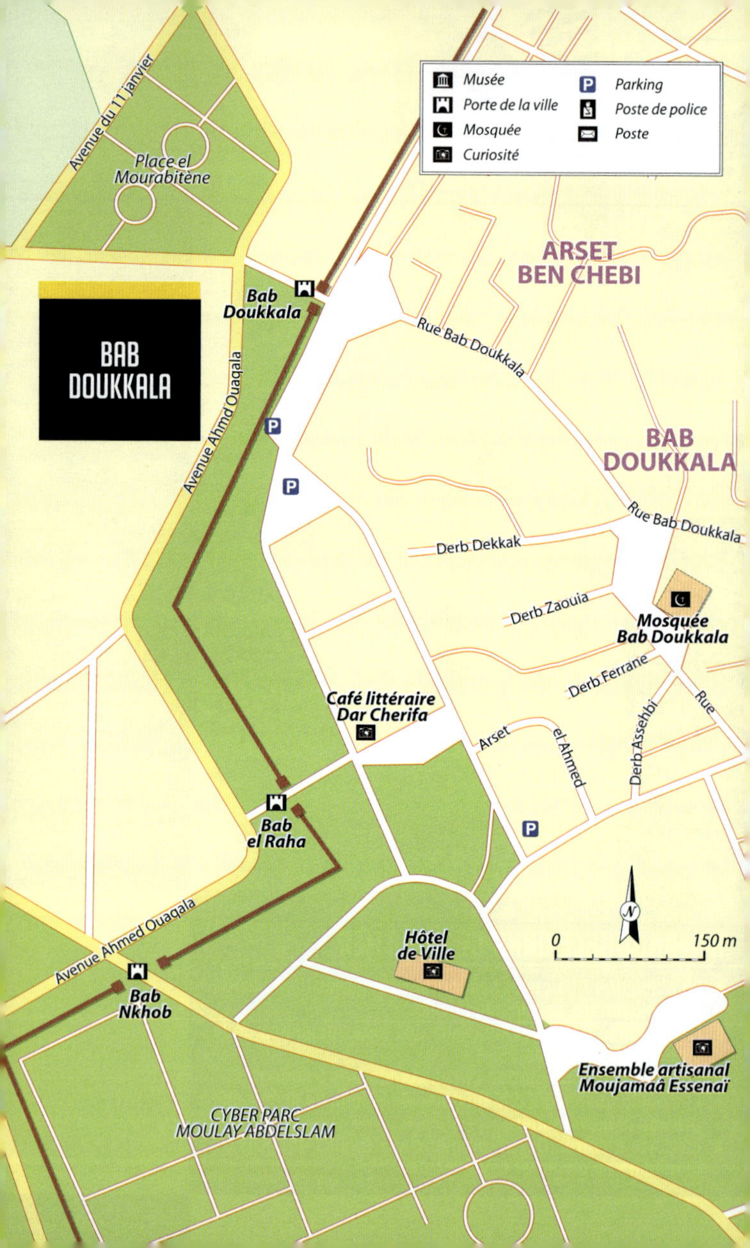
BAB
DOUKKALA
Musée
Porte de la ville
Mosquée
Curiosité
Parking
Poste de police
Poste
Avenue du 11 janvier
Place el
Mourabitène
ARSET
BEN CHEBI
Bab
Doukkala
Rue Bab Doukkala
Avenue Ahmd Ouaqala
BAB
DOUKKALA
Rue Bab Doukkala
Derb Dekkak
Derb Zaouia
Mosquée
Bab Doukkala
Derb Ferrane
Café littéraire
Dar Cherifa
Arset
el Ahmed
Derb Assehbi
Rue
Bab
el Raha
Avenue Ahmed Ouaqala
Bab
Nkhob
0
150 m
Hôtel
de Ville
Ensemble artisanal
Moujamaâ Essenaï
CYBER PARC
MOULAY ABDELSLAM

Mosquée Ben Slimane
Rue Derb Derbouha
el Gza
Rue el Gza
Rue Sidi Ben Slimane
Rue Ank Jemel
Rue Diour Saboun
RIAD LAÂROUS
Derb Sidi Bou Amar
Rue Riad Laârous
Derb el Ferrane
Derb Chentouf
SIDI BOU AMEUR
Derb Assabane
Derb Halfaoui
Derb Sidi Ali Tair
Rue Riad Laârous
Derb Tizeguarine
Zaouïa de Sidiou Abd el-Aziz
Rue Amsafah
MEDINA
Arset Aouzal
Rue Dar el Bacha
Rue Dar lel Bacha
Mosquée Azbzed
Derb el Maâden
Derb sidi Abdelaziz
R'MILA
Musée Dar el Pacha
rb Arset Aouzal
Rue Dar el Bacha
Dar el-Glaoui
MOUASSINE
Rue Mouassine
Fontaine Mouassine
Rue dar el Bacha
Zohra
Mosquée Mouassine
Derb Chorfa Lakbir
Rue Fehl Chidmi
Rue Sidi el Yamani
Rue Fatima Zohra
Derb Defta Ouarba
Rue Sidi el Yamani
Rue el Ksour
Souk Laksour
Fondouks de Bab Fteuh
Rue Fahel Zefriti
Zaouia Moul el Ksour
Bab Laksour
Place Bab Fteuh
Derb Moulay
Jbel Lakhdar
EL KSOUR

BAB DOUKKALA

Dans la dénomination de ce quartier, nous évoquons en réalité toute la partie de la médina qui se situe au nord d'une ligne imaginaire située au niveau de Jemaâ el-Fna, à l'exception des souks. On entre ici dans une zone vraiment populaire. Ce dédale de rues encombrées n'a pas la netteté des autres zones de Marrakech et ressemble un peu plus à toutes les autres médinas du Maroc. On y voit des poulets vivants prêts à être vendus pour le dîner, des vendeurs de pyjamas, de seaux en plastique, des échoppes de pain traditionnel, des marchands de légumes et, surtout, des habitations qui auraient besoin d'être restaurées. On y croise aussi des fillettes qui amènent le pain fraîchement pétri au four public. Vous ne vous sentirez pas forcément toujours à l'aise dans cette zone moins formatée pour les visiteurs. En vous y rendant, vous découvrirez un autre visage du Maroc, sans doute plus représentatif du Royaume. A éviter cependant à la nuit tombée.

VISITER

Point de site touristique majeur dans cette zone, mais un des accès principaux de la médina. Bab Doukkala se découvre au hasard des rues et du vent, pour humer l'atmosphère plus que pour rejoindre un point précis. L'ambiance y est moins touristique, l'occasion de s'immerger dans la vie quotidienne locale.

BAB AGHMAT

A côté du cimetière
de Bab Aghmat

Bab Aghmat doit son nom à la bourgade d'Aghmat, située sur la route de l'Ourika, ancien foyer des Berbères qui peuplèrent Marrakech. C'est par cette porte, ainsi que par Bab ech-Charia, que les Almohades s'emparèrent en 1147 de Marrakech. Le quartier est l'un des plus populaires de la ville et aussi l'un des plus pauvres. Un terrain vague accueille encore de temps en temps un marché sur une esplanade recouverte de voitures en

MARCHE À PIED

« La seule manière de voir quoi que ce soit dans la médina est de marcher. Pour y être tout à fait présent, il faut avoir les pieds dans la poussière, et sentir près du visage l'odeur chaude, poussiéreuse, des murs de boue séchée. »

Paul Bowles, *Leurs mains sont bleues.*

ruine ou de grands taxis. Pour les amateurs de coins perdus, celui-ci vaut le déplacement.

BAB TAGHZOUT

Rue Bab Taghzout

Cette porte, d'origine almoravide, marquait autrefois l'entrée nord de Marrakech. Englobée aujourd'hui à l'intérieur même de ses murailles actuelles, Bab Taghzout est un imposant vestige de ses défenses et le témoignage de son expansion. Sa sobre décoration exprime bien l'esprit qui animait les fondateurs de la ville.

DAR EL BACHA – MUSÉE DES CONFLUENCES

Bab Doukkala
65/69 Riad Laârous, route
Dar el Bacha
Quartier R'mila
museedesconfluences@fnm.ma
A l'angle de la rue Bab Doukkala
Ouvert tous les jours, sauf le mardi, de 10h à 18h. Entrée 60 DH.

Lorsqu'on s'enfonce vers le souk et la zaouïa de Sidi bel Abbès s'étend sur la gauche Dar el Bacha – et sa somptueuse demeure du début du siècle dernier – qui fut autrefois la plus belle des résidences du pacha de Marrakech. Derrière les hauts murs nus qui ceinturent la propriété se succèdent de splendides jardins parsemés de patios et de cours de marbre richement décorés dans le style andalou. En dépit de quelques traces d'influence européenne, Dar el-Bacha représente avant tout une belle synthèse de l'artisanat marocain.

MOSQUÉE BAB DOUKKALA

Rue Fatima Zohra

En entrant dans la médina par Bab Doukkala, on aperçoit un minaret

© CK TRAVELS – SHUTTERSTOCK.COM

Visite du Dar El Bacha.

qui rappelle celui de la mosquée de la Kasbah. La mosquée se trouve au bout de la rue qui mène à Dar el-Bacha.
Accès limité aux musulmans.

Construite vers 1557 par Lalla Messaouda, la sainte mère du sultan saadien Ahmed el-Mansour (le bâtisseur, entre autres ouvrages, des Tombeaux Saadiens), cette mosquée est le seul vestige des nombreuses constructions entreprises par la mère du Doré. Lalla Messaouda, protectrice des arts et des lettres, passionnée d'architecture, entreprit dans le nord de la médina la construction de nombreux fondouks, aujourd'hui disparus. Une école coranique et un hammam furent annexés à la mosquée, face à la fontaine Sidi el-Hassan. Cette fontaine, aujourd'hui fermée, dispose d'un grand bassin de 15 m de longueur et de 5 m de largeur, couvert de trois coupoles. Elle fut érigée par El-Hassan, l'un de ses artistes protégés.

PLACE DES SEPT SAINTS
A Bab Doukkala.
Erigées en 2005, les sept tours massives, en pierres sèches et surmontées d'un olivier, rendent hommage aux saints patrons de la ville.

ZAOUÏA DE SIDI BEL ABBÈS
Située près de Bab Taghzout, attenant à la mosquée et à la médersa de Sidi bel Abbes, la zaouïa est l'un des lieux de pèlerinage les plus fréquentés de la ville (interdit aux non-musulmans). C'est dans ce mausolée, édifié en 1605 par le sultan saadien Abu Farès et restauré dans la seconde moitié du XVIIIe siècle par l'Alaouite Sidi Mohammed ben Abdallah, que repose Sidi Abou el-Abbes es-Sebti, l'un des sept saints de Marrakech, le plus vénéré des patrons de la ville. La zaouïa est particulièrement fréquentée par des paysans, des commerçants et des aveugles. On peut encore y voir chaque soir (et notamment le mercredi, jour consacré au saint homme) des offrandes en nature ou en espèces (dattes, paniers, mais aussi dirhams...) déposées pour les pauvres et les mendiants.

SE RESTAURER

Vous trouverez principalement de la cuisine marocaine à Bab Doukkala, et ce, à tous les prix.

IDÉE DE BALADE

Point de départ : Bab Taghzout. Cette porte, d'origine almoravide, marquait autrefois l'entrée nord de Marrakech. Englobée aujourd'hui à l'intérieur même de ses murailles actuelles, Bab Taghzout est un puissant vestige de ses défenses et le témoignage de son expansion. Sa sobre décoration exprime bien l'esprit qui animait les fondateurs de la ville.

A partir de là, il est possible de redescendre vers la médina en suivant l'artère principale, la rue Diar Saboun, qui vous mènera tout droit à la mosquée Ben Youssef. Ce quartier, aéré et très peu touristique, semble vivre en dehors du rythme effréné des souks et du centre-ville. Il donne un bon aperçu de l'ambiance de nombreuses médinas marocaines. Ses rues silencieuses, propices aux promenades, sont bordées d'habitations aux murs ocres et dénudés. En descendant la rue Diar Saboun, prenez sur la gauche la rue Assoual jusqu'à la fontaine Echrob ou Chouf qui signifie littéralement « *bois et admire* ». Lorsque quelqu'un buvait dans cette fontaine publique, dont la margelle sans grand intérêt donne accès à un robinet dispensant gratuitement son eau, il devait relever la tête et là... il apercevait la niche de la fontaine, richement sculptée en bois de cèdre, abritée par un auvent orné de stalactites de stuc et recouvert de tuiles vertes. « Bois et admire, aumône de Dieu aux hommes... ». Dans le prolongement de la rue Dar el-Glaoui, en partant de la maison du pacha vers Bab Taghzout, on arrive à la zaouïa de Sidi bel Abbès en passant devant une jolie fontaine, ornée de carreaux de faïence et à auvent sculpté.

BIEN ET PAS CHER

STREET FOOD À BAB DOUKKALA

Rue Bab-Doukkala

30 DH maximum pour un repas.

Si vous n'êtes pas trop regardant sur l'hygiène, profitez d'une halte pour déguster des sardines grillées avec les Marrakchis. Dans la rue Bab-Doukala, de nombreuses échoppes servent du poisson frit pour quelques dirhams. Achetez des légumes aux commerçants du coin pour les faire cuire avec votre poisson. Et terminez par quelques petits pains (avec un peu de chance, ils seront tout chauds et sortiront juste du four). Amateur de viande ? Pas de problème, la rue offre pléthore de boucheries et quelques grills pour des brochettes minute. Pour parfaire le repas, les femmes vendent pain, *beghrir* et autres *msemen*. On peut aussi trouver des *briouates* et observer les fabricants de feuilles de pastilla. Et en période de ramadan, les *chebakias* sont incontournables !

TURKISH STEAKHOUSE

Rue de Loubnane

Résidence Almarwa

✆ +212 6 94 25 17 60

Ouvert de 12h à 23h. Côte de bœuf 140 DH.

Turc peut-être pas vraiment, mais steakhouse oui assurément. Amis carnivores, l'endroit pourrait devenir votre cantine : la carte est axée sur les grillades cuisinées au feu de bois, on flambe le Chateaubriand à table et les effluves d'entrecôtes tendres, généreuses et fondantes embaument toute l'atmosphère. Normal puisque les cuisines sont ouvertes et donnent directement sur le restaurant, on peut ainsi observer le chef en pleine action. Irrésistible !

LES RABATTEURS

Ce sont des chauffeurs de taxi, des réceptionnistes, des faux guides (ou des vrais quelquefois) et des Marocains qui s'improvisent guide et qui trouvent là une source de revenus. Ces derniers peuvent être un peu collants et vous suivre sur un bout de chemin, n'y prêtez pas attention, restez serein, faites-lui comprendre calmement que vous ne désirez pas faire appel à ses services, il partira de lui-même. Si le harcèlement dure trop longtemps, faites-lui savoir que vous irez le signaler à la police touristique : très efficace !

Les rabatteurs ont pour habitude de prendre une commission auprès des commerçants chez qui ils vous emmènent pour faire des achats. Certains établissements se prêtent à la combine, d'autres y sont totalement hostiles. Les affaires proposées par un rabatteur ne sauront être de bonnes affaires puisque le montant de leur commission aura augmenté votre prix d'achat. Par conséquent, achetez seul et refusez fermement lorsqu'un chauffeur de taxi tente de vous conduire dans un « super-restaurant » autre que celui que vous avez choisi.

LUXE

DAR MOHA

81, rue Dar El Bacha
✆ +212 5 24 38 64 00
www.darmoha.ma
restaurant@darmoha.ma
Accès par la rue R'mila.
Ouvert de 12h à 16h et de 19h30 à 23h. Menu (hors boisson) dîner à 530 DH. A la carte, plats entre 90 DH et 220 DH.
Cette ancienne demeure du secrétaire du Pacha Glaoui fut plus tard la résidence de Pierre Balmain, qui l'aménagea avec goût et la dota notamment d'une superbe piscine aux motifs incas, située dans un jardin planté de bananiers et de caoutchoucs. Cette prestigieuse maison est aujourd'hui devenue l'une des meilleures adresses gastronomiques de Marrakech, grâce à Moha, son chef cuisinier talentueux et maître des lieux. Il vous propose une nouvelle cuisine marocaine très fine : serpentin de légumes, trid de cailles, pastilla de lotte, tagine de loup de mer, couscous, etc., ainsi qu'une belle carte de grands crus marocains. Le dîner est servi au bord de la piscine ou dans les salons avec cheminée, à ambiance musicale discrète et raffinée avec des musiciens gnaoua. Accueil et service excellents.

DAR YACOUT

79, rue Sidi Ahmed Soussi
✆ +212 5 44 38 29 29
www.daryacout.com
yacout@menara.ma
Uniquement dîner du mardi au dimanche de 20h à 22h30. Menu à 700 DH.
L'ancienne table préférée de feu le roi Hassan II. Excellente cuisine marocaine – sans doute l'une des meilleures tables de la ville, cadre de rêve, la terrasse offre une vue somptueuse sur la médina, très bon service. A découvrir si vous en avez les moyens.

LA MAISON ARABE

1, derb Assehbe
✆ +212 5 24 38 70 10
www.lamaisonarabe.com
reservation@lamaisonarabe.com
Compter entre 200 et 250 DH pour un plat au restaurant Les Trois Saveurs et 550 DH pour le menu dégustation.
Superbe demeure pleine de charme, typiquement marocaine aménagée à l'occidentale. Trois ambiances au choix. La première, restaurant marocain. Menu unique dégustation avec des entrées parmi lesquelles soupe à l'orange ou à l'oignon, sélection de briouates, puis pastilla suivie de tajines, de couscous, ou la spécialité locale : la tanjia marrakchia (poulet ou mouton cuit à l'étouffée dans des pots en argile posés sur la braise). Un duo de luthiste et guitariste accompagne ce moment magique. Deuxième option, dans un cadre enchanteur avec bougies et photophores autour de la piscine, le restaurant Les Trois Saveurs propose plats asiatiques, européens et marocains. Enfin, le bar où l'on peut déguster tapas ou plats des restaurants en écoutant le pianiste. Carte de vins marocains fournie, aussi bien en blanc, en rouge qu'en rosé ou en gris, service impeccable.

PALAIS DONAB

Bab Doukkala
53, Dar El Bacha
✆ +212 5 24 44 18 97
www.palaisdonab.com
contact@palaisdonab.com

Ouvert de 12h à 15h et le soir de 19h à 22h30.
Un cadre magique : cet ancien palais a été magnifiquement restauré. Vous pourrez déjeuner ou dîner autour de la piscine arborée ou dans la salle, où vous pourrez admirer la qualité de l'artisanat marocain (plafond en bois travaillé, zelliges, stuc, etc.). Les cartes sont d'inspiration marocaine et internationale à des tarifs quasi européens. L'hôtel propose aussi chambres et suites à tarifs eux aussi princiers.

RIAD KNIZA

34 derb l'Hotel, Bab Doukala
✆ +212 5 24 37 69 42
www.riadkniza.com
riadkniza@riadkniza.com
Ouvert midi et soir. Réservation nécessaire. Menu à 49 €.
Ce riad sert l'une des meilleures cuisines marocaines de la ville. Vous dégusterez un assortiment de salades marocaines, des briouates, un tagine ou un couscous, une pastilla au poulet, une pastilla sucrée, des pâtisseries marocaines et du thé. Le tout étant bien entendu délicieux, raffiné et servi par un personnel aux petits soins. Enorme coup de cœur de la rédaction !

SHOPPING

A moins que vous vouliez acheter un poulet vivant ou un seau pour faire vos ablutions, Bab Doukkala ne sera pas pour vous le temple du shopping. Quelques petites adresses valent néanmoins une halte, vous les trouverez ici.

BACHA COFFEE

Musée des Confluences
Rue Dar el Bacha
✆ +212 5 24 38 12 93
Ouvert de 10h à 18h, fermé le lundi. Entrée 10 DH pour l'accès au café. Formule pause café 160 DH.
Un cadre exceptionnel, au sein du musée Dar el Bacha, pour ce café qui a ouvert dans l'une des pièces du palais. Une carte de 200 sortes d'arabica venant de trente pays différents fera le bonheur des amateurs de moka qui repartiront avec leur trouvaille aux consonances exotiques – Zanzibar Gold ou Sweet Mexico – achetée dans la petite boutique mitoyenne. On se presse pour le privilège de prendre un petit déjeuner ou un goûter dans cet endroit ravissant, art déco avec ses petites alcôves au style victorien ; les places sont chères et la réservation conseillée.

LES ANTIQUAIRES DU QUARTIER DAR EL-BACHA

Vous trouverez dans cette rue de nombreux antiquaires et quelques bijoutiers. Si vous avez envie de chiner, cette proximité vous permettra de comparer produits et tarifs. Vous multipliez les chances de trouver votre bonheur, et négocier un bon prix sera plus facile grâce à toute cette concurrence.

MARCHÉ AUX PUCES

Souk El-Khemis
Bab El-Khemis
Historiquement, c'était uniquement le jeudi que les Marrakchis se rendaient au marché aux puces de Bab El-Khemis, ancien marché aux chameaux. Aujourd'hui, tous les jours accueillent leur lot d'objets oubliés ou insolites, de décoration, etc. Mais le jeudi (et le dimanche) reste un jour privilégié. Un endroit bien agréable où flâner pour découvrir une autre facette de la ville rouge.

MUSTAPHA BLAOUI

142/144 rue Bab Doukkala
✆ +212 5 24 38 52 40
Ouvert de 9h à 19h tous les jours.
Une caverne d'Ali Baba où vous trouverez tout pour décorer votre maison du chandelier au tapis en passant par le miroir ou le pied de lampe. L'endroit idéal pour dénicher des objets typiques.

PLANÈTE DES ÉPICES

5 Trik Dar al-Bacha
✆ +212 5 24 38 24 48
bolobolo20@hotmail.fr
Ouvert tous les jours de 8h à 20h. Epices à partir de 25 DH les 100 g (sauf le safran).
Dans cette pharmacie berbère, Abdou, diplômé en herboristerie, propose près de six cents épices et plantes pour « soigner toutes les maladies sauf la mort » comme il se plaît à le dire. Les produits sont un tout petit peu plus chers qu'aux souks, mais vous comprendrez que les conseils d'Abdou n'ont pas de prix. L'herboriste vous expliquera les vertus de ce qu'il conserve dans un nombre incalculable de bocaux. Visiter l'endroit vaut rien que pour glaner quelques informations sur cette médecine traditionnelle encore très utilisée au Maroc. Abdou propose aussi des produits de beauté : crème antipsoriasis à l'huile d'argan, savon noir (10 DH), gants de hammam, etc. Une très bonne adresse.

SORTIR

Le quartier de Bab Doukkala n'est pas à proprement parler le temple de la vie nocturne. Deux exceptions dans cette zone qu'on préférera découvrir de jour : la Maison Arabe et le Dar Donab. Cela ne fait aucun doute, à Marrakech, le soir, c'est hors de la médina que tout se passe.

LA MAISON ARABE

1, derb Assehbe
✆ +212 5 24 38 70 10
www.lamaisonarabe.com
reservation@lamaisonarabe.com
A partir de 35 DH.
Murs recouverts de cuir couleur havane, pianiste qui joue des airs de jazz connus, déco africanisante : le ton « retour de colonie » est donné. Le tout dégage finalement un charme certain... Tapas, cocktails et service irréprochable.

PALAIS DONAB

Bab Doukkala
53, Dar El Bacha
✆ +212 5 24 44 18 97
www.palaisdonab.com
contact@palaisdonab.com
Cocktail à partir de 120 DH.
Un lounge bar dans un superbe palais. Plafond en bois, zelliges, stuc : un cadre magnifique dans lequel vous pourrez siroter un cocktail ou fumer un cigare non loin de la place Jemaâ el-Fna.

Jardin Majorelle.

VILLE NOUVELLE

IMMANQUABLE DANS CE QUARTIER

- Le jardin Majorelle, source d'inspiration du peintre français qui y a créé son célèbre bleu.
- L'avenue Mohamed V et ses cafés branchés, ses restaurants et ses jolies boutiques.
- Le Musée YSL, rétrospective et hommage aux plus belles créations du couturier.
- La Menara, un bassin flanqué de son pavillon almohade où se reflètent les neiges de l'Atlas.
- Le Cyber parc.

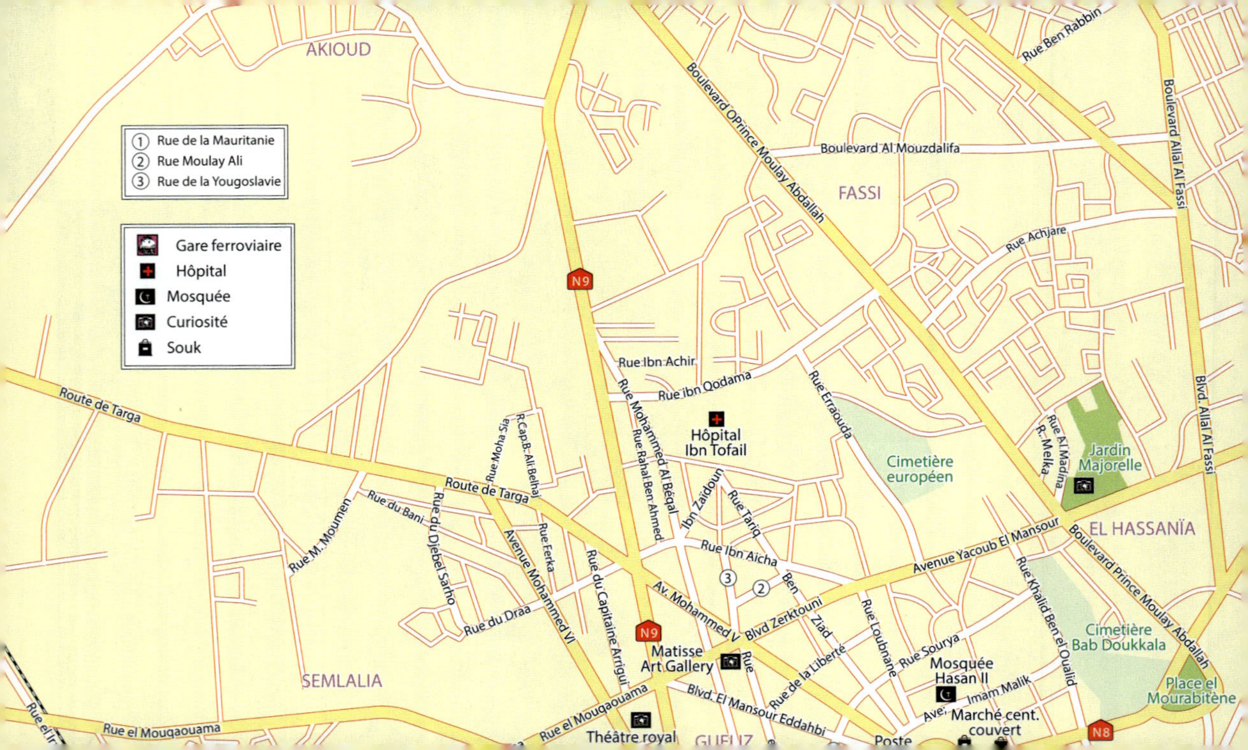
AKIOUD
FASSI
EL HASSANÏA
SEMLALIA
GUELIZ
1 Rue de la Mauritanie
2 Rue Moulay Ali
3 Rue de la Yougoslavie
Gare ferroviaire
Hôpital
Mosquée
Curiosité
Souk
Rue Ben Rabbin
Boulevard Allal Al Fassi
Blvd. Allal Al Fassi
Boulevard OPrince Moulay Abdallah
Boulevard Al Mouzdalifa
Rue Achjare
N9
Rue Ibn Achir
Rue ibn Qodama
Rue Erraouda
Rue Al Madina
R. Melka
Jardin Majorelle
Hôpital Ibn Tofail
Cimetière européen
Route de Targa
Rue Mohammed Al Béqal
Rue Rahal Ben Ahmed
Ibn Zaidoun
Rue Tariq
Rue Ibn Aicha
Ben Ziad
Rue Moha Sia
R.Cap.B. Ali Belhaj
Rue Ferka
Rue du Bani
Rue M. Moumen
Rue du Djebel Sarho
Avenue Mohammed VI
Rue du Capitaine Arrigui
Rue du Draa
Av. Mohammed V
Blvd Zerktouni
Avenue Yacoub El Mansour
Boulevard Prince Moulay Abdallah
Rue Khalid Ben el Oualid
Rue Loubnane
Rue Sourya
Rue de la Liberté
Rue
Matisse Art Gallery
Mosquée Hasan II
Cimetière Bab Doukkala
Place el Mourabitène
Av. Imam Malik
Marché cent. couvert
Blvd. El Mansour Eddahbi
Rue el Mouqaouama
Théâtre royal
Poste
N8

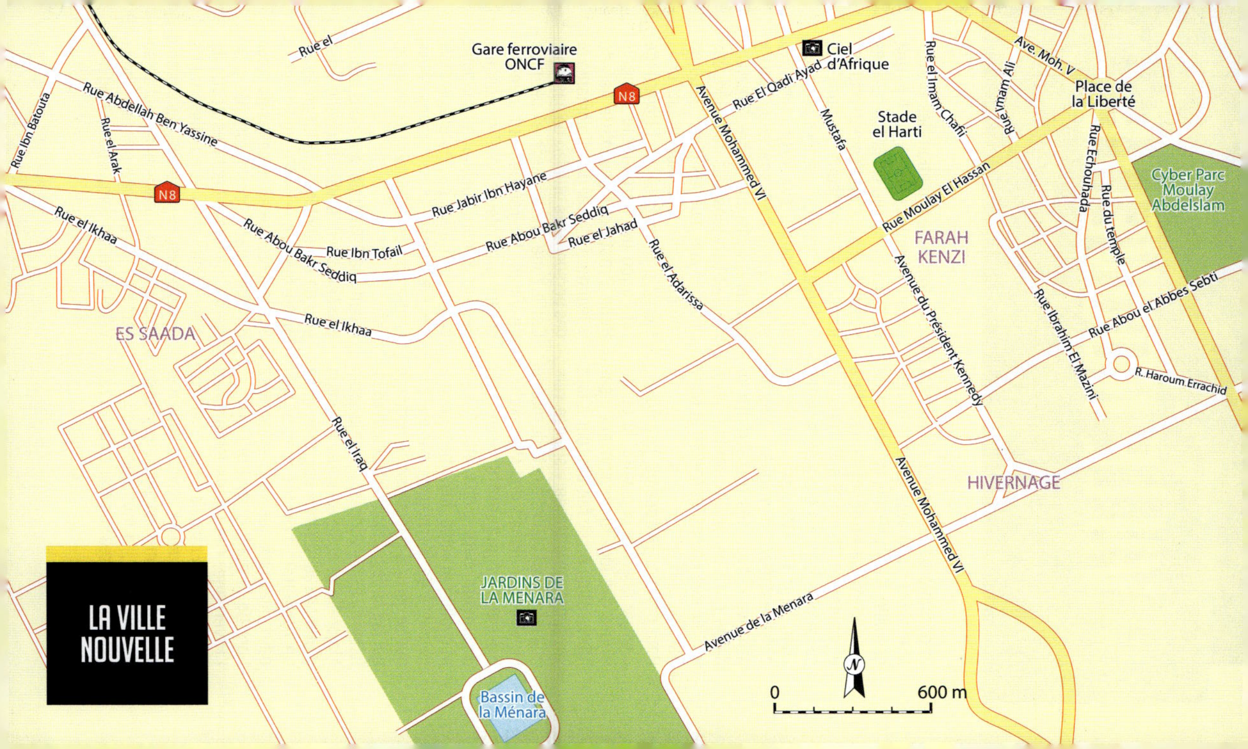

LA VILLE NOUVELLE
Gare ferroviaire ONCF
Ciel d'Afrique
Place de la Liberté
Ave. Moh. V
Stade el Harti
Cyber Parc Moulay Abdelslam
FARAH KENZI
HIVERNAGE
ES SAADA
JARDINS DE LA MENARA
Bassin de la Ménara
N8
Rue el
Rue Ibn Batouta
Rue el Arak
Rue Abdellah Ben Yassine
Rue el Ikhaa
Rue Abou Bakr Seddiq
Rue Ibn Tofail
Rue Jabir Ibn Hayane
Rue el Jahad
Rue el Adarissa
Rue el Iraq
Rue El Qadi Ayad
Avenue Mohammed VI
Mustafa
Rue el Imam Chafii
Rue Ymam Ali
Rue Moulay El Hassan
Rue Echouhada
Rue du temple
Avenue du Président Kennedy
Rue Ibrahim El Mazini
Rue Abou el Abbes Sebti
R. Haroum Errachid
Avenue de la Menara
0
600 m
N

VILLE NOUVELLE

Impossible de connaître réellement Marrakech sans avoir arpenté la ville nouvelle. Il est vrai que la médina est plus exotique et dépaysante. Mais globalement, la vie des Marrakchis se déroule hors les murs de la vieille ville. Pour un étranger, la médina c'est le cœur historique, l'endroit attrayant, avec ses restaurants au cadre pittoresque (le Nomad Café, le Café des Épices ou encore le Kosy Bar...).
Pour certains Marocains, la médina, c'est le quartier populaire, là où on trouve des logements souvent insalubres et où on se fait aborder à tout va. Ainsi, omettre de visiter la ville nouvelle, c'est passer à côté du monde où vivent la plupart des Marrakchis. Bureaux, restaurants, galeries, logements, bars, clubs, etc., la ville nouvelle participe aussi beaucoup à l'identité de Marrakech, car c'est là que se déroule la fameuse vie nocturne qui fait sa réputation. Promenez-vous, faites du lèche-vitrines, visitez le jardin Majorelle et essayez-vous, le temps d'une soirée, à la vie nocturne dans un restaurant branché. Les principaux quartiers que vous arpenterez hors de la médina sont le Guéliz et l'Hivernage. Créé dans les années 1920 par les Français pendant le protectorat, le Guéliz s'étend à l'ouest et au nord de la médina, jusqu'au pied du djebel Guéliz, la montagne d'où l'on extrayait le grès schisteux qui servait autrefois à l'édification des principaux monuments de la ville. Il permit de loger dans ses villas les familles des diplomates et plénipotentiaires français et européens. Aujourd'hui, le Guéliz demeure encore un quartier résidentiel aux larges avenues et aux immeubles spacieux. Vous y trouverez aussi de nombreux restaurants et bars ainsi que des boutiques chics et des galeries d'art. Situé au sud du Guéliz, avant les jardins de la Ménara, le quartier de l'Hivernage fut conçu par l'architecte français Henri Prost pour devenir le lieu de villégiature d'hiver des diplomates et des personnages officiels de passage. Cette zone, verdoyante et peuplée de villas, fut rapidement investie par les promoteurs hôteliers jusqu'à devenir aujourd'hui le principal point de concentration de l'hôtellerie marrakchie. La plupart des grands hôtels sont entourés de nombreux espaces verts.
Quant à la Palmeraie, que nous avons classée avec la ville nouvelle pour plus de commodité, elle fut créée en même temps que la ville, au XIe siècle. Située à quelques kilomètres du cœur de Marrakech, cette zone de plusieurs milliers d'hectares accueille aujourd'hui villas et établissements de luxe, piscines privées, bars branchés et golfs. Idéal pour se mettre au vert tout en restant à proximité de la Ville rouge. En voiture ou en calèche,

vous pourrez également visiter les étendues de palmiers dattiers et les villages agricoles : une belle manière de découvrir la Palmeraie d'antan, de déguster quelques dattes en chemin et de faire connaissance avec les gens du cru.

VISITER

La ville nouvelle se découvre surtout de manière informelle. Hors de la médina, les points d'intérêt se concentrent dans le quartier du Guéliz, entre la Grande Poste et le jardin Majorelle. Au programme, galeries, jardins, musées et bars branchés, sans oublier d'apprécier les dernières boutiques de créateurs et autres concept-stores.

AVENUE MOHAMMED-V

Avenue Mohammed-V

Tracée par l'architecte officiel de Lyautey, Henri Prost, à l'époque du protectorat français, l'avenue Mohammed-V relie la médina au Guéliz, constituant le principal point de repère des voyageurs égarés dans la ville nouvelle. Partant de la mosquée de la Koutoubia, l'avenue Mohammed-V quitte la médina par Bab el-Nkob, la Poterne, pour filer vers le djebel Gueliz. C'est sur cette artère que se rassemblent les principaux centres administratifs, les banques, les compagnies aériennes, les agences de tourisme, les boutiques de vêtements (spécialisées dans la reproduction de grandes marques à prix cassés à destination des touristes) ou les grands cafés.

LE TOUR DES GALERIES D'ART

À Marrakech, les amateurs d'art trouveront de quoi se nourrir. Ville en mouvement et créative, elle a fait naître de nombreux artistes. Plusieurs galeries vous permettent de vous faire une petite idée de l'art contemporain au Maroc, une bonne fenêtre pour aborder la société marocaine à travers le regard subversif de ses « créateurs ».

DAVID BLOCH GALLERY

Guéliz
8 bis Rue des Vieux Marrakchis
✆ +212 5 24 45 75 95

GALERIE NOIR SUR BLANC

Guéliz
48, rue de Yougoslavie
appartement 101 - à l'étage
✆ +212 5 24 42 24 16

MACMA ★

Guéliz
16, rue de la Yougoslavie
Passage Ghandouri
✆ +212 6 61 63 29 93

COMPTOIR DES MINES GALERIE ★

Guéliz
62, rue de Yougoslavie,
à l'angle de la rue de la Liberté
✆ +212 6 63 01 01 91
www.comptoirdesminesgalerie.com
info@comptoirdesminesgalerie.com
Ouvert les lundis de 15h à 19h et du mardi au samedi de 10h à 13h et de 15h à 19h (hors période de ramadan).
Le Comptoir des Mines, c'est d'abord une histoire, un patrimoine. Construit en 1932, le bâtiment était à l'origine celui d'une fabrique d'explosifs pour la recherche minière. Il se compose de deux immeubles mitoyens reliés entre eux par un couloir auquel on accède depuis la terrasse sur le toit. Il appartient désormais à la Art Holding Morocco, acteur majeur de l'art contemporain au niveau national. Après l'ouverture d'une galerie à Rabat en 2008 et à Casablanca en 2011, la société récidive avec succès à Marrakech. Les expositions y sont renouvelées environ tous les deux mois et promeuvent essentiellement des artistes marocains émergents ou confirmés, à l'instar du photographe Hassan Hajjaj qui bénéficie d'un espace d'exposition permanent.

CYBER PARC ARSAT MOULAY ABDESLAM ★

Avenue Mohammed-V
Guéliz

LA PALMERAIE À CHEVAL

Rien de tel que de découvrir les charmes de la Palmeraie du haut d'un ami à quatre pattes !

LES CAVALIERS DE L'ATLAS

Circuit de la Palmeraie
✆ +212 6 72 84 55 79
www.lescavaliersdelatlas.com
contact@lescavaliersdelatlas.com
Au rond-point route de Casa, prendre la nouvelle route d'Agadir puis tourner à gauche à 150 m.
Comptez 25 € pour le cours d'initiation d'1h30, 40 € la balade de 2h30. Excursion d'une journée dans la Palmeraie, comptez 80 €. Stages enfants de 5 demi-journées poney : 140 €. Possibilité de randonnées sur plusieurs jours.
Pour les débutants : un cours de 30 minutes initiation + une balade de 1 heure 30 pour 350 DH.
Pour les confirmés : 2 heures 30 de balade en palmeraie, thé à la menthe, crêpes berbères et prise en charge à partir de l'hôtel à Marrakech pour 350 DH.
Pour une excursion d'une journée, compter 800 DH.

Autre adresse : Base de Lalla Takerkoust, au niveau du Relais du lac.

Ouvert tous les jours de 7h à 19h30. Petit musée des Télécoms : entrée gratuite.
Créé il y a 300 ans par le poète Moulay Abdeslam, ce magnifique jardin offre des allées ombragées de sable rouge où il fait bon déambuler, bouquiner sur l'un de ses bancs et tapoter sur les bornes interactives qui ponctuent le site. Un bon plan lorsque la chaleur devient étouffante dans la Ville rouge, un spot prisé par les étudiants et les amoureux.

DAVID BLOCH GALLERY

Guéliz
8 bis Rue des Vieux Marrakchis
✆ +212 5 24 45 75 95
www.davidblochgallery.com
contact@davidblochgallery.com
Ouvert du mardi au samedi de 11h à 13h30 et de 15h à 18h.
Dédiée à l'art contemporain, la David Bloch Gallery est un espace neutre et épuré, pensé comme un loft new-yorkais ; il est ouvert sur une petite cour extérieure dans laquelle l'exposition se poursuit. Consultez la programmation afin de découvrir les artistes exposants et toute l'actualité de la galerie.

© DAVID BLOCH GALLERY

David Bloch Gallery.

LE MUSÉE YVES-SAINT-LAURENT, L'HOMMAGE GRANDIOSE !

C'est depuis le mois d'octobre 2017, à deux pas du jardin Majorelle, que le nouveau musée Yves-Saint-Laurent, entièrement dédié à l'œuvre du célèbre couturier français, a ouvert ses portes au public. Un hommage à la passion d'Yves Saint Laurent pour la Ville ocre. Effectivement, c'est dès le milieu des années 1960 que le créateur découvre les beautés de Marrakech et ses plaisirs ; depuis, cette histoire d'amour n'a jamais cessé... Le musée s'étend sur 4 000 m² et se compose d'un espace d'exposition dédié à l'œuvre du couturier, avec dessins, croquis, collections haute couture et accessoires de mode. D'autres espaces sont à explorer, avec une salle d'exposition temporaire, un auditorium, une bibliothèque et un restaurant. Créations d'artistes, projections de films et ouvrages pour honorer les multiples passions d'Yves Saint Laurent.

GALERIE NOIR SUR BLANC

Guéliz
48, rue de Yougoslavie
appartement 101 - à l'étage
✆ +212 5 24 42 24 16
galerie.noirsurblanc@gmail.com
Ouvert le lundi de 15h à 19h ; du mardi au samedi de 10h à 13h et de 15h à 19h. Fermé le dimanche. Entrée libre.
Une galerie accueillante où vous pourrez découvrir l'art contemporain marocain, de belles propositions qui allient des artistes et des courants différents.

JARDIN MAJORELLE ★★★★

Rue Yves Saint-Laurent
Guéliz
✆ +212 5 24 31 30 47
Voir page 13.

JARDINS DE LA MÉNARA ★★★

Route de l'aéroport
Avenue de la Ménara
Voir page 15.

MACMA ★

Guéliz
16, rue de la Yougoslavie
Passage Ghandouri
✆ +212 6 61 63 29 93
museemacma.com
museemacma@gmail.com
Ouvert du lundi au samedi de 9h à 19h, entrée 80 DH ; tarif réduit pour seniors et étudiants ; gratuit pour les moins de 10 ans.
C'est à l'initiative de Nabil El Mallouki, collectionneur et galeriste, que le MACMA (musée d'Art et de Culture de Marrakech) a vu le jour. A l'origine multidisciplinaire, le musée d'Art et de Culture de Marrakech se concentre désormais sur la peinture moderne et contemporaine du pays, c'est-à-dire des années 1950 à nos jours. L'exposition permanente compte quelque 200 œuvres sur 400 m² de galerie.

MUSÉE PIERRE BERGÉ DES ARTS BERBÈRES

Rue Yves Saint-Laurent
Jardin Majorelle
✆ +212 5 24 31 30 47
A l'intérieur du Jardin Majorelle. Ouvert tous les jours de 8h à 18h.
Tout juste rebaptisé en l'honneur de son fondateur Pierre Bergé, hautement engagé envers la culture et qui disait : « je n'ai jamais cessé d'être fasciné par la culture et l'art berbères. Au cours des années, j'ai collectionné et admiré cet art qui s'étend sur plusieurs pays à la fois ». Ouvert en 2011, après l'adoption de la nouvelle constitution du Royaume du Maroc qui reconnaît la place du patrimoine amazigh dans la culture marocaine, ce musée présente la collection personnelle d'Yves Saint-Laurent et Pierre Bergé. L'exposition s'articule autour de pièces liées à la vie domestique, comme des ustensiles de cérémonies, des vêtements et costumes d'apparat, des bijoux... un vrai témoignage d'amour du mécène.

LA PALMERAIE

Voir page 19.

THÉÂTRE ROYAL

40, boulevard Mohammed-VI
✆ +212 5 24 43 15 16
Face à la gare ferroviaire.
Concerts de l'Orchestre symphonique royal. Programme à consulter sur internet.
Grand sujet de fierté des habitants de Marrakech (seule ville du Maroc à posséder un théâtre à l'italienne), la construction de cet opéra-théâtre a provoqué bien des polémiques : le

© SÉBASTIEN CAILLEUX

Le théâtre de Marrakech.

coût de ce grandiose ouvrage, dû au talent et à l'imagination de l'architecte Charles Boccara, est en effet astronomique et nettement disproportionné par rapport à sa rentabilité. Le chantier a duré une dizaine d'années. Aujourd'hui, le théâtre accueille pièces de théâtre, concerts et spectacles, mais est loin d'être utilisé pleinement. Très photogénique, le bâtiment en lui-même mérite qu'on s'y arrête.

SE RESTAURER

Pléthore de restaurants dans la ville nouvelle, et de bonnes adresses à foison. Si vous voulez manger marocain, passez votre chemin, c'est surtout pour la cuisine internationale que cette partie de la ville se distingue. Bien sûr, vous trouverez des petites enseignes proposant brochettes, tagines et keftas, mais pour ce qui est de la gastronomie, l'influence marocaine n'est là que par touches. Ce quartier ravira les gourmets, plusieurs tables proposant une cuisine excellente. Certes, leurs tarifs sont élevés pour le pays, mais il faudrait débourser le triple pour déguster un menu équivalent en Europe. Vous trouverez surtout des restaurants branchés à la décoration étudiée, où les Marocains aisés sortent tant pour dîner que pour voir et être vus. Ces dernières années, bars à vin et bars à cocktails se sont multipliés pour le plus grand bonheur des jeunes et des visiteurs de passage.

SUR LE POUCE

16 CAFÉ
Place du 16 Novembre
✆ +212 5 24 33 96 70
www.16cafe.com
seizecafe@menara.ma
Ouvert tous les jours de 7h à minuit. Plat à partir de 140 DH. Menu express à partir de 120 DH.
Entrées fraîches et plats copieux pour finir avec l'une des meilleures pâtisseries de la ville. Le tout dans une déco monochrome épurée.

MY KAWA

Majorelle
Rue Yves Saint Laurent
✆ +212 5 24 33 00 72
Face à l'entrée des jardins Majorelle.
Ouvert tous les jours de 9h à 22h. Spécialisé dans les glaces et les jus naturels.

Repris par l'équipe du 16 Café, My Kawa est aussi élégant et soigné que son grand frère. Une ambiance colorée tout en décontraction pour une cuisine légère. Très sympa de s'y poser après la visite du jardin Majorelle, installé sur la terrasse ombragée où l'on peut profiter du wifi gratuit et de la presse internationale, à la disposition de la clientèle. Mention spéciale pour la coupe de glace Trilogie d'Orient aux parfums originaux de rose, thé à la menthe et corne de gazelle : impossible de faire plus oriental.

WINOO

Angle rue de Mauritanie et bd Moulay Rachid
✆ +212 5 24 43 04 00
restowinoo@gmail.com
Ouvert de 7h à 3h du matin tous les jours. Plat de poissons 50 DH.

Très fréquenté par les Marocains, à toute heure du jour et de la nuit, ce restaurant-snack vous propose une large carte : pizzas, tajines, grillades, mais surtout fritures et poissons au kilo... Ces derniers arrivent tous les jours en provenance de la côte. Le service est un peu long parfois, du fait de sa haute fréquentation, aussi n'hésitez pas à vous procurer la carte à l'avance pour gagner du temps ou choisir un poisson dans la vitrine. L'avantage de ce snack, outre l'addition légère, c'est assurément ses horaires très étendus et la possibilité de se restaurer à tout moment. Dans une ville où l'animation bat son plein, on est preneur.

PAUSE GOURMANDE

AL FADL

Près de la mosquée Torkia
Rue Al Imam Malik
✆ +212 5 24 43 68 43
www.alfadl.ma – alfadl@contact.ma
Ouvert tous les jours de 7h à 22h. Gâteaux marocains vendus au kilo, environ 40 DH pour une boîte petit format.

On ne présente plus cette pâtisserie bien connue de la population locale. A deux pas de l'avenue Mohamed V, on vient sur sa terrasse discrète pour déguster un millefeuille croustillant ou choisir des douceurs marocaines onctueuses de miel et de fruits secs, que l'on achète au poids. Mais c'est l'occasion aussi de manger une tarte salée, sur le pouce, entre deux visites.

Autre adresse : Massira 1C, n°576 (près de la mosquée Al Anbar). ✆ +212 5 24 34 27 27.

CHARIF

Place 16 novembre.
Rue Oued el Makhazine
✆ +212 5 24 00 00 00
De 7h à 1h du matin. Jus de fruit 35 DH. Grand choix de pâtisseries.

A la base simple boulangerie, Charif est devenu un café où l'on a plaisir à s'attarder. D'autant plus qu'on a le loisir de choisir son millefeuille, son croissant ou son sandwich directement dans la vitrine et tout est fait sur place. Fort de leur succès, l'établissement est devenu un lieu de rendez-vous des expats et ne désemplit pas. La baguette croustillante à la française est excellente, cela explique tout.

VERSION NUMÉRIQUE
OFFERTE
Obtenez votre guide numérique en scannant le QR code
ou rendez-vous sur le site
www.ebookfute.com
avec le code avantage
HPF5EA
petit futé
2021 2022
CITY TRIP
MARRAKECH
SPÉCIAL WEEK-END ET COURT SÉJOUR
WWW.PETITFUTE.COM
OFFRE VALABLE JUSQU'À L'ARRÊT DE COMMERCIALISATION DU TITRE EN FRANCE MÉTROPOLITAINE ET DANS LE MONDE ET SOUS RÉSERVE QUE LE NOMBRE DE TÉLÉCHARGEMENTS SOIT INFÉRIEUR OU ÉGAL AU NOMBRE D'EXEMPLAIRES DE GUIDES PAPIER IMPRIMÉS. FORMATS DISPONIBLES POUR SMARTPHONES, TABLETTES, LISEUSES ET ORDINATEURS PC OU MAC.
© PERFECTLAB - SHUTTERSTOCK.COM

DINO
Avenue Mohammed V
✆ +212 524439888
7j/7 de 9h à 23h.
« La responsabilité du maître glacier c'est l'interprétation de la sensibilité du client pour lui offrir la meilleure expérience », dixit Dino Pavese qui a fondé en 1978 cette adresse gourmande qui demeure LA référence en matière de glaces. Rien n'a changé depuis, ou presque, et malgré la concurrence avec saveurs recherchées plus « au goût du jour », Dino demeure incontournable si l'on veut prendre le pouls de la ville. Situé en pleine avenue entre Koutoubia et Guéliz, c'est le meilleur spot pour observer de la terrasse, la vie qui passe, attablé devant une coupe de *gelato italiano vero.*

EN MANQUE DE PÂTISSERIES, VOICI NOTRE SÉLECTION D'ADRESSES !

AMANDINE
175, rue Mohammed Al Béqal
Guéliz
✆ +212 5 24 44 96 12
www.amandinemarrakech.com
contact@amandinemarrakech.com
Tous les jours de 7h à 21h. Pâtisserie à partir de 30 DH.
Pâtissier renommé dans la Ville rouge, Amandine vous propose la dégustation de bonnes pâtisseries à emporter ou sur place, dans un cadre moderne et lumineux. Les pâtisseries françaises et marocaines sont toutes plus alléchantes les unes que les autres, et les joyeux macarons à se damner.

LES MAÎTRES DU PAIN
26 Camp El Ghoul
Route de Targa
✆ +212 5 24 42 23 67
www.lesmaitresdupain.com
En face du lycée français Victor-Hugo.
Ouvert de 5h30 à 21h.
L'Atelier des Saveurs rassemble Les Maîtres du Pain et Le Panier Gourmand. Résultat : une boulangerie, un traiteur, une épicerie fine, mais aussi un restaurant, bref un grand savoir-faire. Cette boulangerie française est une excellente référence très appréciée pour son brunch. Il est aussi très courant au Maroc de prendre son premier repas à l'extérieur, voilà pourquoi des formules de petit déjeuner, avec assortiment de viennoiseries et autres gourmandises, sont toujours proposées.

Autre adresse : 433, Sidi Ghanem. Du lundi au samedi de 7h à 21h ✆ +212 5 24 33 68 61.

BIEN ET PAS CHER

AYASO

6 boulevard Zerktouni
✆ +212 5 24 43 41 45
Ouvert tous les jours de 9h à 21h.
Ce concept store situé dans le quartier de Guéliz, près du cinéma, propose un service de restauration à base de produits naturels et bio. Au menu, riz complet accompagné de ses légumes, tagine aux fruits secs ou encore galettes de pomme de terre à l'huile de coco. Ayaso, c'est aussi un magasin dédié aux produits 100 % bio : épicerie, produits cosmétiques et un lieu de rencontres. Des conférences y sont organisées tout au long de l'année.

© SÉBASTIEN CAILLEUX
Le café du jardin Majorelle.

CAFÉ MAJORELLE

Dans l'enceinte du jardin Majorelle, rue Yves Saint Laurent
✆ +212 5 24 30 37 79
www.jardinmajorelle.com
cafemajorelle@jardinmajorelle.com
Ouvert en continu de de 9h à 17h30.
Voilà une riche idée que de combiner visite du jardin Majorelle et pause déjeuner dans ce cadre apaisant à la végétation luxuriante. Au menu, brochettes, salades, sandwichs ou bien encore le plat du jour, le tout à prix doux. Pour profiter des lieux, il faudra vous acquitter des droits d'entrée au jardin, véritable havre de paix et de verdure dans la ville effervescente. Mention spéciale au lait à la fleur d'oranger, un vrai délice de fraîcheur très original.

ENVIE DE MANGER LIBANAIS ?

LA CUISINE DE MONA

Quartier El Ghoul, cité OLM
115 B, résidence Mamoune 5 ✆ +212 6 18 13 79 59
Près du lycée Victor-Hugo. En taxi, demandez le restaurant la Flamme et remontez l'avenue en direction du Guéliz, ce sera sur votre droite après 50 mètres.
Cuisine libanaise. Repas aux alentours de 200 DH. Ouvert toute la journée jusqu'à 23h.
Chez Mona, c'est l'établissement très convivial d'une Libanaise mariée à un Marocain. Elle est derrière les fourneaux et propose lunch végétarien et plats de viande. N'hésitez pas à essayer le mezze de huit assortiments… Et la carte est encore riche. Tout est bon, vous ne pouvez pas vous tromper.

EAT ME
Guéliz
A l'angle de la rue Yougoslavie
et du boulevard El Mansour Addhabi
✆ +212 6 26 31 52 05
Ouvert du lundi au samedi : 12h à 15h30 - 19h30 à 22h30. Plat environ 80 DH. Wifi. Terrasse ou salle climatisée.
Adresse chouchou à Guéliz depuis son ouverture, Eat Me est un petit restaurant thaïlandais où tout respire la zénitude. En cuisine, Sasitorn Kiewsri s'affaire et nous réjouit avec des plats asiatiques, la plupart revisités, savoureux, colorés et toujours faits avec passion. Un accueil personnalisé et un service efficace nous donnent comme une envie d'y revenir... souvent.

LES JARDINS DE GUÉLIZ
Avenue Oued-el-Markhazine
✆ +212 6 65 97 48 62
desillesjb@hotmail.com
Près du Jardin Harti.
Formule menu du midi 115 DH, formule du soir 138 DH. Fermé le dimanche.
Un restaurant très charmant avec une jolie terrasse et des formules à des prix plus que raisonnables. Ici, vous n'aurez pas de problème pour passer commande, le propriétaire français vit à Marrakech depuis de nombreuses années. Au menu, cuisine française et marocaine dans une ambiance conviviale.

KECH BURGER
39, rue Mohammed el-Beqal
✆ +212 5 24 44 85 89
Ouvert tous les jours de 12h à 6h. Burgers de 32 DH à 60 DH.
Si vous avez une soudaine envie de hamburgers avec du goût, un peu comme à la maison, vous voilà à la bonne adresse ! Servis sur une planche en bois, tous les produits sont frais : frites maison, hamburger au choix et coleslaw (salade de chou typiquement américaine). Le petit restaurant se situe à deux pas de Bejgueni, rue Ibn Aïcha, la rue des grillades, non loin du Montecristo. L'ambiance y est chaleureuse et le service agréable. Une bonne adresse à petit prix.

MAMMA MIA
18 rue de la Liberté
✆ +212 5 24 43 44 54
www.restaurant-mammamia.com
Ouvert du lundi au samedi de 12h à 15h30 et de 19h à 23h30. Le dimanche de 12h à 23h. Pizza à partir de 55 DH.
Dans une grande salle qui reprend la décoration sobre et élégante des cantines napolitaines, Mamma Mia a constitué une équipe qui s'avère être au rendez-vous. Le chef a fait ses classes en Italie et le service est irréprochable. Vous vous régalerez de leurs bonnes *pizze* ou d'un risotto.

LA PALMA
46 avenue Yacoub el Mansour
✆ +212 5 24 29 36 93
lapalmamarrakech@gmail.com
Près de Majorelle.
Ouvert de 8h à 23h tous les jours. 20 DH pour 2 boules de glace. Pizza à partir de 35 DH.
Tout beau, tout frais ! Une fraîcheur qu'on ressent dès que l'on passe la porte de ce petit coin d'Italie et qu'on se retrouve devant pas moins de 20 parfums de crèmes glacées 100 % artisanales : difficile de faire son choix ! On y va pour sa tarte tiramisu, la glace à l'avocat, à la figue sèche ou la divine stracciatella, mais aussi pour y déjeuner. Farandoles de pâtes fraîches et un large choix de pizzas, préparées selon les règles de l'art par le chef ayant fait ses classes en Italie, vous propulseront au pays de la botte. *Avanti tutti !*

LA PALMA, UN GLACIER EN VOGUE À MARRAKECH !

Hussein est l'heureux gérant de La Palma, un des glaciers les plus en vogue de Marrakech. L'aventure toute récente a commencé pour lui en 2019 et depuis, il n'a de cesse de créer de nouvelles saveurs hors du commun.

Comment t'est venue l'idée d'ouvrir un glacier ?
Je suis originaire de Ouarzazate et je travaillais à l'origine dans le milieu cinématographique. Mais mon rêve a toujours été de me lancer dans la restauration et je suis parti à Casablanca dans ce but, pour faire une école hôtelière. A partir de là, j'avais un pied dans le secteur.

Tu as donc monté et ouvert La Palma tout seul ?
Non, j'ai eu l'occasion de rencontrer Antonella, une Italienne qui vit à Milan. Nous avons conçu ce projet ensemble. Au départ, on a fait notre repérage dans le Sud, mais finalement, on a opté pour Marrakech, afin de partager l'expérience à la fois avec une clientèle locale, mais aussi internationale.

Qu'est-ce qui différencie La Palma des autres glaciers ?
Justement, notre projet était de nous différencier de ce qui existait déjà. Nos glaces sont 100 % artisanales, les sorbets réalisés à base de fruits frais, aucun ingrédient congelé, sans œufs ni gélatine. D'ailleurs notre laboratoire se trouve sur place, au 1er étage.

Proposes-tu des parfums qui sortent de l'ordinaire ?
Oui, c'est ce que j'aime faire, proposer des goûts différents. Vous ne verrez jamais les mêmes propositions, car nous aimons créer. En plus des parfums typiquement italiens comme la stracciatella par exemple, nous varions les plaisirs avec la figue de barbarie, le safran ou encore le *amlou* pour rester dans le terroir marocain, mais aussi la tomate basilic, la carotte ou la réglisse pour une fraîcheur totale.

Votre proposition se limite aux glaces ?
Non, nous sommes aussi un snack, et beaucoup de jeunes adorent venir ici pour déguster une pizza à pâte fine ou une salade à midi, voire même un simple expresso à l'italienne. On prépare aussi des gâteaux glacés sur commande et l'on peut même élaborer une glace au parfum de votre choix. Le tout, bien sûr, préparé avec *amore*…

© LA PALMA

RESTAURANT DE L'ASSOCIATION AMAL

à l'angle des rues Ibn Sina
et Allal Ben Ahmed
Quartier de l'hôpital Ibn Tofail-Gueliz
✆ +212 5 24 44 68 96
http://amalnonprofit.org
amalnonprofit@gmail.com
Ouvert uniquement pour déjeuner de 12h à 16h. Compter environ 120 DH. Réservation obligatoire.

On ne présente plus ce restaurant qui dépend de l'association Amal, visant en premier lieu à améliorer la condition sociale et éducative de femmes défavorisées. Résultat, ces jeunes femmes apprennent leur métier de cuisinière sur le terrain et font aussi office de serveuses. Cette adresse atypique s'est déjà répandue en ville par le biais du bouche-à-oreille, il est donc devenu obligatoire de réserver sa place dans ce charmant petit jardin. Outre pour le chant des oiseaux et l'ambiance bucolique, on y vient pour un délicieux couscous débordant de saveurs, à choisir sans l'ombre d'une hésitation.

BONNES TABLES

LE 68 BAR À VIN

68, avenue de la Liberté
✆ + 212 5 24 44 97 42
www.le-68.com
resa@le-68.com
Ouvert tous les jours de 17h30 à 2h du matin. Bouteilles de vin à partir de 200 DH ; plats à partir de 80 DH.

Ce bar à vin à l'ambiance chaleureuse propose plusieurs centaines de références de vins du monde entier, que ce soit en bouteille ou au verre. A la carte, une cuisine français à la bonne franquette. Pour l'apéritif, des planches sont proposées avec charcuteries et fromages français. Ne perdez pas de vue qu'un fromage français de qualité est ici un luxe. Cela fait forcément grimper la note.

LE BAROMÈTRE

Guéliz
Rue Moulay Ali
✆ +212 5 24 37 90 12
inforesa@lebarometre.net
Tous les jours de 18h30 à minuit sauf le dimanche. Cocktail 80 DH. Prix moyen à la carte 350 DH. Musique le vendredi.

On le reconnaît grâce à sa grosse lettre en métal « B » comme « Baromètre » devant la porte. Dans une atmosphère de cave clandestine un peu secrète, les frères Hadni ont créé un concept dédié à la mixologie ou l'art de mélanger les boissons pour réaliser des breuvages sur mesure. Côté restauration, une carte créative et originale : *mhamssa* façon risotto aux palourdes de Oualidia ou encore le foie gras poêlé et son chutney, incontournable de la maison... Une adresse atypique et hors norme qui n'en est qu'à ses débuts...

LE BISTROT LA BOUCHERIE

Guéliz
45, résidence des Remparts
✆ +212 5 24 37 95 45
www.laboucheriemaroc.com
Ouvert tous les jours de 11h à 1h30. Plats entre 95 DH et 190 DH.

Une adresse pour les amateurs de viande. Après les grillades et tajines en tout genre, retour aux recettes françaises – foie gras, os à moelle, côte de bœuf sauce poivre, rillettes et autres steaks tartares. Ambiance brasserie et assiettes copieuses. Tarifs dans la moyenne des établissements touristiques de la ville. Le Bistrot La Boucherie est aussi un bar à vin.

BUDDHA BAR

L'Hivernage
Avenue Prince Moulay Rashid
✆ +212 5 24 45 93 00
www.buddhabarmarrakech.com
info@buddhabar.ma
Ouvert 7j/7 de 20h à 3h. Menu/ spectacle 550 DH.
L'alliance des influences occidentales, orientales et d'Asie du Sud-Est, servie dans un écrin lounge au style chic et branché est un concept désormais bien rodé. Au cœur du quartier huppé de l'Hivernage, l'exotique Buddha-Bar Marrakech n'y déroge pas et propose de se laisser aller à une grisante décadence. Performances acrobatiques et danseuses tout en plumes et strass animent les lieux et vous feront rêver et voyager le temps d'une soirée.

L'ENTREPOTES

62 rue Tarik Ibn Ziad
✆ +212 5 24 43 22 09
Ouvert tous les jours de 18h à 2h du matin. 260 DH le plateau de tapas.
Un rendez-vous désormais incontournable que l'on affectionne particulièrement pour son grand patio arboré et son ambiance festive. La carte propose une cuisine internationale d'inspiration asiatique et offre surtout une large palette de tapas à partager entre amis, mais pas seulement. Le bar au style rétro ravira les amateurs de vins provenant du monde entier et de cocktails créatifs. Cadre exotique, musique lounge, staff agréable : de quoi passer de bons moments sous le signe de la convivialité.

GRAND CAFÉ DE LA POSTE

A l'angle du boulevard El-Mansour Eddahbi et de l'avenue Imam-Malik
✆ +212 5 24 43 30 38
contact@grandcafedelaposte.restaurant
Sur la place du 16-Novembre, près de la Poste.
Ouvert tous les jours de 8h à 1h sans interruption. Plat à la carte à partir de 85 DH.
Une adresse incontournable et chargée d'histoire. Construit au début des années 20, on retrouve le style de l'époque coloniale, grands miroirs, bougies, meubles d'époque. Une ambiance bistro parisien qui sert les incontournables de la cuisine traditionnelle française. Une table hautement recommandée.

LE KECHMARA

3, rue de la Liberté
Guéliz
✆ +212 5 24 42 25 32
www.kechmara.com
postmaster@kechmara.com
Service continu du lundi au samedi de 12h à minuit. Menu à partir de 160 DH. Wifi.
On aime le décor seventies et les chaises Pantone de ce restaurant devenu le fief des étrangers vivant à Marrakech. Plusieurs espaces le composent, petites tables à même le trottoir pour savourer un cappuccino en regardant les passants, intérieur aux petits recoins cozy et une terrasse ombragée sur les toits où se déroulent parfois des concerts. A la carte, un bar à salades à composer au gré de ses envies et des assiettes savoureuses. Une valeur sûre pour une pause dans le confort et la gourmandise.

L'AUBERGE ESPAGNOLE

Angle Ibn Tarik Ben Ziad
et Moulay Ali
✆ +212 5 24 45 89 13
laubergespagnole@groupelotus.com
Proche de l'hôtel Diwan.
Ouvert tous les jours de 17h à 2h.
Ce restaurant latino du côté du quartier de Guéliz porte bien son nom : ici, l'ambiance est bon enfant et les amateurs de sport sont au rendez-vous puisque tous les grands événements sportifs sont diffusés en direct. Du mercredi au samedi soir, c'est musique avec un live band. Le restaurant est avant tout un bar à tapas, sans grande surprise au niveau des propositions de la carte, mais toutefois bien agréable. Une bonne adresse pour commencer la soirée de façon festive ou sportive, à vous de voir.

LE LOFT

18 rue de la Liberté
✆ +212 5 24 43 42 16
www.restaurant-loft.com
Ouvert tous les jours de midi à minuit. Plats et formule du midi à partir de 145 DH.
Décor à mi-chemin entre un loft new-yorkais et un bistrot parisien, ambiance décontractée et conviviale, cuisine française simple et de bon goût : le Loft fait partie de ces adresses marrakchies où l'on vient et revient pour savourer une cuisine du marché qui se renouvelle chaque jour ou pour des classiques comme une entrecôte/frites.

NAMAZAKE

Angle avenue Echouhada
et rue du Temple
✆ +212 5 24 42 42 42
www.thepearlmarrakech.com
reservation@thepearlmarrakech.com
Ouvert tous les jours de 10h à 1h du matin. Entre 80 et 300 DH. Pass piscine disponibles, tarifs à consulter.
C'est sur les toits de l'hôtel The Pearl que se trouve ce restaurant-terrasse avec sa vue panoramique sur la médina et ses jardins, et au loin la Koutoubia ! On s'y rend pour profiter du cadre exceptionnel et déguster une cuisine japonaise composée de soupes, de salades et les incontournables de la gastronomie nipponne (sushis, sashimis...). La piscine en rotonde est irrésistible, une belle occasion pour se rafraîchir et profiter de l'ambiance *cosy* sur fond sonore.

LE STUDIO

87 avenue Moulay Rachid
✆ +212 6 61 24 78 25
www.lestudiomarrakech.com
steevemarrakech@gmail.com
Ouvert tous les soirs de 18h30 à 23h30. Plats entre 100 DH et 200 DH.
On peut voyager tout en étant nostalgique de la cuisine française. En cas de crise, une brasserie s'impose, avec au menu, foie gras, andouillette ou la spécialité du chef, le chateaubriand au Maroilles. Ambiance bistrot avec une belle cave à vin, le tout à la bonne franquette !

LA TRATTORIA

179 rue Mohammed
El Becqual
✆ + 212 5 24 43 26 41
www.latrattoriamarrakech.com
reservation@latrattoriamarrakech.com
Ouvert tous les jours de 12h à 15h et de 19h à minuit. Bar Art déco de 18h à 1h. Environ 350 DH. Voiturier.
Cadre enchanteur qui prend place dans une villa des années 1920 au style Art

déco pour ce restaurant italien célébrissime à Marrakech. La Trattoria, c'est une belle aventure culinaire menée par deux frères : Mohamed qui gère le restaurant et Jawad qui s'affaire en cuisine. Le décor est raffiné avec de nombreux objets d'art de toutes les origines. Carte italienne oblige, on retrouve au menu des pâtes sous de multiples déclinaisons, mais aussi viandes, gambas au limoncello et on craque pour le succulent nougat glacé. Côté atmosphère, vous aurez le choix entre un dîner en terrasse au bord de la piscine ou près de la cheminée et du pianiste l'hiver, *romantico* !

LUXE

LE BÔ & ZIN

Douar Lahna,
Route de l'Ourika km 3,5
✆ +212 5 24 38 80 12
www.bo-zin.com
contact@bo-zin.com
Vous devez prendre un petit taxi ou une voiture pour vous y rendre.
Ouvert tous les soirs à partir de 20h. Comptez au minimum 400 DH pour un repas complet. Réservation conseillée.

Zin signifie « beau » en arabe. Et le nom de l'établissement, bien connu des noctambules marrakchis et des voyageurs initiés, est largement mérité. Le jardin, où bambous côtoient, autour d'un joli bassin, palmiers et cactus, est éclairé par de hautes torches et de nombreuses bougies. L'intérieur se révèle tout aussi élégant, du salon tamisé avec cheminée à la pergola aux tons chauds, garnie de luminaires design et de plantes tropicales. Côté assiette, après quelques raviolis vapeurs en guide d'amuse-bouches, les plats suggérés sont d'inspirations françaises et marocaines avec un léger *twist* asiatique, thaï et japonais principalement. La présentation est aussi soignée que les produits sont bons et savamment arrangés, des poissons aux viandes en passant par les plats végétariens, à accompagner de vins (la carte, internationale, ravira les amateurs). Le repas se déroule au son des mix soul et R&B du DJ, présent tous les soirs, qui subtilement fait chauffer l'ambiance avant que les percussionnistes, après le dessert, la fasse monter d'un cran encore. Il est temps de commander un cocktail et de s'attaquer au dancefloor ! Le cadre se paye, mais les tarifs en valent bien la chandelle. Une très belle adresse pour découvrir un Marrakech nocturne à la fois raffiné et relax.

LE COMPTOIR DARNA

Avenue Echouada
Hivernage
✆ +212 5 24 43 77 02
www.comptoirdarna.com
contact@comptoirdarna.com
Restaurant ouvert de 20h à minuit. Compter environ 400 DH pour un repas. Réservation vivement conseillée.

On vient dans ce lieu branché pour dîner ou siroter un cocktail alcoolisé entre amis, accompagné de tapas, à demi allongé sur les banquettes du patio ou à l'intérieur, assis dans un fauteuil en cuir. L'endroit est chic, mais il mise sur la convivialité, n'oublions pas que *darna* signifie : chez soi. Danseuses, musiciens gnawa, perfomers, DJ enchaînent les prestations et mettent l'ambiance. D'ailleurs, une fois la fourchette posée, tout le monde est sur la piste.

LOTUS CLUB

L'Hivernage, rue Ahmed Chawki
✆ +212 5 24 42 17 36
www.lotusclubmarrakech.com
club@riadslotus.com
Ouvert tous les soirs de 19h30 à 3h du matin. Plats de 170 DH à 600 DH.
Nombreux sont les établissements de l'Hivernage à posséder leur revue. Le Lotus fait partie du club. Sur scène, déhanché sexy du groupe OhLala ! à gogo. La deuxième partie de soirée est plus intimiste avec Mood, guitariste résident du Lotus club, juste avant la performance des gnaouas. Dans l'assiette, au choix, cuisines internationale (carpaccio de bœuf, foie gras, sole à la provençale...), marocaine (moult tajines et couscous) ou japonaise (poisson cru principalement). Décoration glamour et ambiance chic.

SESAMO

Hôtel Royal Mansour
Rue Abou Abbas el sebti
✆ +212 5 29 80 80 80
Tous les soirs de 19h à 23h.
A peine une petite année d'existence pour ce jeune restaurant sis dans le somptueux cadre du Royal Mansour. Une cuisine dirigée par le groupe Alajmo, maison gastronomique familiale qui compte pas moins de sept établissements en Europe. Deux des frères sont tombés sous le charme de Marrakech et partagent les mêmes valeurs d'inventivité et d'authenticité requises par une clientèle exigeante. Aux fourneaux, l'étoilé Massimiliano « Mozart de la cuisine italienne », qui nous régale de langoustine frite à la sauce de laitue ou d'anguille et sa ghiacciolo à la betterave rouge, spécialement conçue pour ce petit coin d'Italie en mode palace. Sans oublier un dessert signature magistral composé d'une sphère de nougat garnie de safran... C'est trop alléchant : Sesamo « ouvre-toi » !

SHOPPING

Pour s'adonner au shopping hors de la médina, deux quartiers sont à retenir : une sorte de triangle d'or, entre le boulevard Zerktouni et la rue de la Liberté, à Guéliz, et en seconde position, la zone industrielle de Sidi Ghanem.
Pour ce qui concerne le premier quartier, de nombreuses boutiques et galeries d'art y sont concentrées, les plus intéressantes étant évoquées dans ce guide. Si vous cherchez les marques internationales de prêt-à-porter, il faudra longer l'avenue Mohamed V et son Carré Eden aux multiples enseignes, et la remonter jusqu'à la place du 16-Novembre.
Pour se rendre dans le quartier industriel de Sidi Ghanem, où showrooms et concept stores se côtoient, il est nécessaire de prendre un taxi en prévoyant une vingtaine de minutes de trajet. Cette zone industrielle est devenue le rendez-vous incontournable en matière de décoration. Les hôtels haut de gamme comme les particuliers viennent ici acquérir des produits de designers ou faire faire du mobilier sur mesure.

NORYA AYRON

Son destin a radicalement changé après avoir croisé Sharon Stone par hasard dans les couloirs de la Mamounia : Norya, talentueuse styliste de mode, nous raconte son aventure.

Norya, parle-nous un peu de toi et de ton parcours.

Je suis originaire du nord de la France. A l'âge de 20 ans, j'ai décidé de partir à Cannes et grâce à des rencontres dues à mon look, j'ai pu entrer dans le monde de la nuit et de la fête et j'ai étoffé mon réseau pendant 12 années riches en expériences.

Marrakech est une ville festive et jet-set, est-ce la raison de ta venue ?

Oui, tout à fait. Après une étape à Londres, je suis venue à Marrakech, car ma passion, c'était d'organiser des événements et des soirées. J'ai eu ensuite un bar à jus, et après 10 ans, j'ai cherché à diversifier mes activités et me réinventer.

Est-ce à ce moment que tu es entrée dans la mode ?

Un pur hasard : j'ai rencontré Kamel qui tenait Le Jardin et il m'a proposé de prendre le bureau du restaurant au 1er étage. J'ai trouvé l'endroit magnifique et il m'a remis aussitôt les clés. J'ignorais quoi en faire au début puis je me suis dit que j'allais ouvrir une petite boutique. J'ai acheté des tissus et commencé à créer des vêtements et en une dizaine de jours j'avais la boutique pleine.

Tu avais déjà travaillé dans le milieu de la mode ?

J'ai toujours été intéressée par la mode, je faisais mes propres vêtements à l'âge de 14 ans. Petite, je réfléchissais à ce que j'allais porter à la rentrée, j'ai acheté des tissus toute ma vie. J'ai fait deux ans de stylisme modélisme, mais je n'avais jamais travaillé dans ce domaine auparavant.

Comment ta marque est-elle devenue un succès aussi vite ?

Au début, j'étais la première étonnée, plus je créais des robes, plus les gens en achetaient. Au bout de quatre mois, je rencontre Sharon Stone qui craque sur mon pantalon et il s'ensuit un échange sur nos vêtements respectifs, je la conduis à ma boutique où elle fait une razzia. La presse s'empare de l'anecdote et ma marque décolle du jour au lendemain. Après quoi, je rencontre Mos Def le célèbre rappeur américain qui va faire ma promotion, conquis lui aussi par mon style. Erykah Badu portera mes créations sur scène et c'est là que tout s'enchaîne. Isabelle Adjani et Monica Bellucci feront partie de ma clientèle, ainsi que beaucoup d'autres personnalités.

© NORYA AYRON

Qu'est-ce qui t'inspire ?

Je crée ce que j'ai envie de porter. Je démarre tout juste une collection Hommes, ce sera nouveau, il y aura des sarouels que je veux aussi pouvoir porter. La rue à Marrakech m'inspire ainsi que l'art islamique que je reprends dans mes tissus.

LE 33 RUE MAJORELLE

Guéliz
33, rue Yves Saint Laurent
✆ +212 5 24 31 41 95
www.33ruemajorelle.com
33ruemajorelle@gmail.com
En face du jardin Majorelle.
Ouvert tous les jours de 9h à 19h.
Pour les mordus de shopping ou tout simplement les curieux, il faut désormais compter avec le 33 rue Majorelle, ce concept store regroupant plus d'une centaine de créateurs, marocains pour la plupart. Ce lieu chic et design présente un portrait de la mode au Maroc plutôt original, avec des accessoires, de la décoration, de la beauté, et ce, pour tous les budgets. Une adresse à découvrir absolument ! Il y a toujours des nouveautés...

MORDUS DE SHOPPING ? QUELQUES CONSEILS AVISÉS

Quel est le meilleur moment pour faire du shopping ?
Le matin, en semaine. Les gens sont plus détendus et les Marocains pensent que la première vente leur porte chance pour le reste de la journée ! Vous aurez de meilleurs prix et c'est beaucoup plus agréable, car moins de stress ambiant.

L'erreur à éviter ?
Ne pas se laisser embarquer dans des achats trop « typés » qui n'auront pas leur effet, de retour à la maison : une tunique trop bariolée, un bijou trop ethnique, ou bien un tapis magnifique, mais aux dimensions inadéquates.

5 conseils en vrac ?

1 - Préparer une petite liste (cadeaux à faire, adresses repérées dans les magazines, recommandations, etc.) avec une idée précise des dimensions si nécessaire (en ce qui concerne notamment les achats déco-maison).

2 - Ne marchander que si l'on est vraiment intéressé (cela évite de perdre du temps).

3 - Quand le prix est intéressant, acheter ! On revient rarement au même endroit, surtout dans les souks.

4 - Etre satisfait de son achat. Il y aura toujours quelqu'un pour vous dire que l'on peut trouver mieux ailleurs.

5 - Prendre un taxi et se rendre à Sidi Ghanem, le quartier industriel. Les propositions sont différentes.

Une ou deux bonnes adresses ?
André Le Chapelier et le 33 rue Majorelle.

LES CRÉATEURS DE SIDI GHANEM

La plupart des boutiques intéressantes de Sidi Ghanem sont situées sur la même rue (perpendiculaire à celle par laquelle on entre dans la zone). Impossible de la rater ou de se perdre ! Des plans du quartier sont disponibles sur place. Les boutiques sont généralement ouvertes du lundi au samedi, de 9h à 13h et de 15h à 18h. Pour vous y rendre, prenez un taxi, vous en aurez pour 20 minutes environ. Pour obtenir des informations complémentaires : www.sidighanem.net

CÔTÉ BOUGIE

Lot n°457, Q.I Sidi Ghanem ✆ +212 5 24 33 57 64
www.cotebougie.com
cotebougie@gmail.com
Boutique ouverte du lundi au vendredi de 9h à 12h30 et de 14h à 18h, et le samedi de 9h à 13h.
Une petite marque qui n'a rien à envier à ses grandes sœurs ! A l'origine de l'aventure, Saida Kadiri, qui a décidé il y a quelques années de travailler les bougies de façon artisanale et appliquée, un savoir-faire transmis aujourd'hui à l'équipe qui exerce dans ses ateliers. Le côté contemporain transparaît dans la diversité du design et des matériaux qui la subliment tels que le raphia, la dinanderie ou encore des verres 100 % recyclés. Souvent copiés, mais jamais égalés, ce sont les précurseurs de la plupart des modèles de bougies que vous trouverez un peu partout dans le souk, mais qui n'atteignent pas la même qualité.

LE DÉPÔT-VENTE DE SIDI GHANEM

226 Q.I. de Sidi Ghanem ✆ +212 5 24 33 66 11
Ouvert tous les jours de 10h à 18h.
Rares sont les dépôts-ventes à Marrakech. Alors ici les chineurs seront comblés : de l'ustensile de cuisine, aux livres anciens, des tableaux, des vêtements, en passant par une coiffeuse ou un billard de style Art déco, on trouve de tout, jamais la même chose, et à des prix très variés. Marchandage conseillé.

LÉON L'AFRICAIN

24, QI Sidi Ghanem – Route de Safi ✆ +212 5 24 33 61 32
www.leonlafricain.com – leonlafricain1@gmail.com
Ouvert de 8h30 à 12h30 et de 14h à 18h, sauf le dimanche.
Cet atelier de verrerie est passionnant. Chez Léon l'Africain, le verre n'est pas soufflé, mais coulé dans de grands moules et cuit dans d'étranges fours, afin de donner naissance à des formes très originales. Luminaires, objets de décoration, miroirs... Rien que pour le coup d'œil, cet atelier vaut le détour.

POP GALERIE

109 - 4, avenue principale Sidi-Ghanem. ✆ +212 5 24 33 60 08
Ouvert du lundi au samedi, de 9h30 à 18h.
Un lieu éclectique où l'on déambule entre luminaires, caftans, doudous pour enfant et objets en céramique. Une caverne des *Mille et Une nuits* version contemporaine, à découvrir par vous-même pour dénicher quelques merveilles.

AKBAR DELIGHTS

Guéliz
rue de Vieux Marrakchis
✆ +212 6 71 66 13 07
www.akbardelightscollections.com
akbar_delights@hotmail.com
Ouvert du lundi au samedi de 10h à 13h et de 15h à 19h.
De très beaux accessoires faits de tissus soyeux et de perles, des porte-monnaie, des sacs à main, des vestes brodées aux coupes originales et plus urbaines qu'auparavant, pour que vous puissiez porter partout la perle dénichée à Marrakech. Nombreux éléments de décoration également.

Autre adresse : Dans la médina, place Bab Fteuh et à l'hôtel La Mamounia.

ANDRÉ LE CHAPELIER

Imm. Jakkar
Angle rue Med El Bakkal-
Avenue Mohamed V
Gueliz
✆ +212 6 75 44 05 33
andrelechapelier@hotmail.com
Ouverture : de 10h30 à 19h du lundi au samedi. A partir de 450 DH pour un panama.
Visiter la boutique d'André le Chapelier vaut la peine rien que pour rencontrer son propriétaire, un sacré personnage, gentil comme tout et plutôt volubile. André crée des borsalinos à partir de panamas importés d'Equateur. Si vous avez le budget et envie de vous protéger du soleil...

ATIKA BOUTIQUE

34, rue de la Liberté
Guéliz
✆ +212 5 24 43 64 09
Ouvert de 9h à 12h30 et de 15h30 à 20h.
Des deux boutiques Atika (vêtements et maroquinerie), nous préférons celle qui vend des articles en cuir, et plus particulièrement les chaussures pour hommes et pour femmes. Ces dernières apprécieront les derbys en toile écrue et en cuir naturel.

BOUTIQUE DU JARDIN MAJORELLE

Avenue Yacoub El Mansour
www.jardinmajorelle.com
Tous les jours de 8h à 18h.
C'est tout l'univers Majorelle que l'on retrouve dans cette boutique savamment mise en scène par son directeur artistique Stephen Di Renza, et dont les couleurs rendent un merveilleux hommage au maître YSL. Voilà une belle ode à la féminité pour faire plaisir ou se faire du bien. Parures de Tiznit, cuirs souples et laines organiques, foulards et maroquinerie, le tout dans un esprit couture... on y déniche forcément notre bonheur.

ENSEMBLE ARTISANAL

Avenue Mohammed V
✆ +212 5 24 44 35 03
Entre la Koutoubia et l'hôtel de ville, face au cyber parc Moulay Abdelslam, fait l'angle avec la rue Sidi el-Yamami.
Ouvert du lundi au samedi de 9h à 19h, fermé le dimanche.
Une fois passé le superbe portail de stuc et de plâtre sculpté, l'ensemble artisanal présente une vaste série de boutiques répertoriées par profession : c'est le domaine des dinandiers, ferblantiers, armuriers, artisans du bois, du cuir ou de bijoux, sans oublier les marchands de tapis... Tous ces artisans sont diplômés d'Etat, ce qui est une garantie de qualité. Ils proposent des objets au rapport qualité-prix

© SÉBASTIEN CAILLEUX

La boutique du jardin Majorelle expose une production artisanale d'une rare beauté, authentique et de très grande qualité.

souvent bien meilleur que celui du souk. C'est particulièrement vrai pour les sacs à main. Si vous en recherchez un, vous ne trouverez pas meilleur endroit. La qualité des produits et des finitions vaut celle des grandes maisons de couture française. Certaines pièces sont vraiment magnifiques. Comptez environs 900 DH pour l'une d'entre elles. Les prix étant fixes, il peut être intéressant de passer par le centre artisanal avant de vous promener dans les souks pour avoir une idée de la valeur des objets qui vous intéressent.

FADILA EL GADI

Passage Ghandouri
61, Rue de Yougoslavie, Guéliz
✆ +212 5 24 43 68 67
www.fadilaelgadi.com
En face de la galerie Matisse.
Née à Salé, élevée dans des ateliers, Fadila el-Gadi est de plus en plus reconnue dans le milieu de la haute couture. Ses collections apparaissent comme un mélange entre tradition ancestrale et chic parisien. C'est en croisant Yves Saint Laurent qu'elle devient créatrice de la boutique Majorelle à Marrakech. Depuis, son travail et sa persévérance font de sa marque une référence en matière d'élégance. Après avoir ouvert son premier showroom à Rabat, elle choisit Marrakech, ville de ses débuts, pour exposer ses collections, approche contemporaine du luxe marocain.

GALERIE DES TANNEURS

Boulevard Moulay Rachid
✆ +212 5 24 42 34 11
www.galeriedestanneurs.com
contact@galeriedestanneurs.com
Ouvert tous les jours de 9h à 19h30. Fermé le dimanche après-midi.
Spécialisée dans le travail du cuir, la Galerie des Tanneurs est une des références à Marrakech en matière de maroquinerie et de sur mesure. Bagages, vêtements, chaussures, sacs et accessoires, il y en a pour tous les goûts ! Les articles peuvent même être faits sur mesure ou reproduits à l'identique en 48h. Les ateliers sont intégrés à la boutique. La qualité reste le maître mot de l'enseigne, qui s'est forgé une très belle réputation.

Autre adresse : Résidence Mirador, rue Yves Saint Laurent, magasin n° 14 jardins Majorelle (9h30-18h).

LIBRAIRIE CHATR

19-21 avenue Mohammed V
✆ +212 5 24 44 79 97
Ouvert du lundi au samedi de 8h30 à 13h et de 15h à 20h.

Ouverte depuis 1965, c'est la référence en matière de librairie à Marrakech. On en ressort toujours avec une trouvaille, que ce soit un roman français, classique ou actuel, une biographie, des polars et bien sûr, les derniers best-sellers en date. Mais cette librairie réserve également une grande place aux livres sur le Maroc et à la littérature arabe. En somme, l'endroit idéal pour découvrir ou relire les œuvres des écrivains marocains dont certains jouissent déjà d'une renommée dépassant les frontières.

MÉNARA MALL

Avenue Mohammed VI
✆ +212 5 24 35 10 50
www.menaramall.com
info@menaramall.com
Ouverture des boutiques de 10h à 21h en hiver et jusqu'à 22h en été.

Le Ménara mall, avec ses 90 boutiques, son aire de jeux pour enfants et ses 17 restaurants en hauteur, est l'un de ces immenses centres commerciaux qui poussent au cœur des capitales africaines. L'une des ambitions de celui de Marrakech est de moderniser l'expérience du souk. Aussi, certaines allées ont été aménagées comme des ruelles de la médina. Le vrai spectacle se joue dehors, à la nuit tombée quand les Marrakchis, dans une certaine effervescence, prennent possession du moindre espace de verdure à proximité pour pique-niquer ou manger une glace.

NORYA AYRON

17 Rue tarik ibn ziad
✆ +212 6 61 29 59 90
Autre adresse : LE JARDIN 32 souq el Jerd Sidi Abdelaziz.
Premiers prix autour de 120 €.

Ce n'est pas par hasard si des stars à l'instar de Sharon Stone ou Monica Belluci ont craqué pour les vêtements de cette créatrice et sont devenues, malgré elles, les ambassadrices de la jeune griffe. Et pour cause, sous de telles températures, on ne demande qu'à se sentir à l'aise et confortable dans des gandouras amples aux matières fluides et au design épuré, conçues pour être portées au quotidien. C'est mission accomplie, et après sa petite échoppe de la médina en haut du restaurant Le Jardin, la styliste franco-algérienne (à suivre) vous accueillera dans son nouveau show-room-atelier dans le quartier de Gueliz. Des pièces uniques ? Farouchement tentant !

PLACE VENDÔME

141, avenue Mohammed-V
Guéliz
✆ +212 5 24 43 52 63
Ouvert de 9h à 13h et de 15h à 19h.

Lorsqu'on évoque le cuir, on pense instantanément à Place Vendôme, et pour cause ! Cette boutique spécialisée n'a pas bougé depuis près de 70 ans. Impossible dès lors de se tromper sur la qualité irréprochable des cuirs et leurs finitions soignées. Sacs à main, bagages, mallettes, portefeuilles, vêtements, maroquinerie, pour le plus grand bonheur des amateurs, le tout décliné dans de nombreux coloris.

Autre adresse : Une deuxième boutique, Dunes, à l'hôtel Tichka, route de Casablanca.

LE MARAJAH

Les spas de luxe à Marrakech occupent une place de choix dans le palmarès des traitements les plus avancés au monde. Le Marajah ne déroge pas à la règle et constitue la dernière adresse que les femmes, désireuses de se détendre dans un espace voluptueux, se passent. On doit cette création à Yassine, homme d'affaires franco-marocain, qui va nous en raconter l'histoire.

Avez-vous toujours habité Marrakech ?

Non, j'ai vécu longtemps à Nîmes et je suis arrivé à Marrakech il y a sept ans. Ce qui est amusant est qu'autrefois, je n'appréciais pas vraiment cette ville, je la trouvais agitée et bruyante.

Le monde du bien-être vous était-il familier ?

Je suis restaurateur à la base. En France, j'avais plusieurs établissements et d'ailleurs, la première affaire que j'ai montée ici était un restaurant de grillades que j'ai tenu pendant trois ans, mais qui n'a malheureusement pas été au niveau de mes espérances. J'avoue que je ne connaissais rien dans le domaine de la beauté, mais tout s'apprend et mon rôle est, avant tout, d'être un bon gestionnaire.

Quelles ont été les étapes de cette nouvelle aventure ?

J'ai une amie qui gère une Conciergerie et qui m'a donné l'idée d'ouvrir un spa. Cela m'a aussitôt inspiré, c'est un domaine où la demande est toujours croissante à Marrakech. Je me suis prêté au jeu et j'ai adoré m'occuper de la conception des lieux et de la décoration que j'ai réalisée moi-même, intégralement, sans architecte, mais en faisant appel à des artisans. Nous avons ouvert après cinq mois de travaux.

Quel est le concept de ce spa ?

On a voulu en faire un lieu de détente absolue et une sorte de palais de la beauté. C'est réservé aux femmes et aux couples exclusivement. Nous offrons les services traditionnels de hammam bien sûr, mais nous prodiguons aussi des soins du visage, l'épilation, des massages, de la réflexologie et on va plus loin avec la coiffure et bientôt une onglerie. Le tout est réalisé sous l'expertise de professionnelles, nos clientes se sentent traitées comme des princesses.

Etes-vous satisfait du résultat ?

C'est une réelle surprise, l'adresse s'est transmise très rapidement, par le bouche-à-oreille. Nous commençons à avoir une clientèle régulière et fidèle, qui passe rarement la porte sans marquer le prochain rendez-vous. Je suis ravi que l'expérience apaisante du Marajah plaise autant.

© MARAJAH SPA

Ce n'était donc pas un rêve ?

Pour l'anecdote, en France j'avais un ami qui avait brillamment réussi dans les affaires et je le voyais toujours en train de se faire masser entre deux réunions. Je m'étais toujours dit qu'un jour je pourrais avoir ce privilège. C'est le cas aujourd'hui.

SOME

76 boulevard Mansour Edhabi
✆ +212 5 24 43 33 72
Villa des années 30 transformée en un joli concept-store réparti sur plusieurs petites pièces. Petit mobilier, sacs et objets culinaires, tapis, sets de table, carnets, bref de ravissants objets faits à la main... notre regard part dans tous les sens, pour notre plus grand plaisir.

VILLA CHABI CHIC

6 rue Loubnane
✆ +212 8 08 52 30 37
Ouvert de 9h30 à 21h.
Cette ravissante maison de poupée rose est la dernière adresse en date de la maison Chabi Chic qui en compte déjà 4 à Marrakech. Par contre, ici le concept est nouveau, car en plus d'exposer la collection arts de la table signature de la marque, il s'agit d'un espace 3 en 1, avec en plus de la boutique, un spa et un café. La déco de la villa vaut à elle seule le détour, parfaite harmonie féminine de carreaux de ciment pastel et de *tataoui* entrelacés au plafond, comme on rêverait d'avoir chez soi. Décidément, la créativité déborde pour ses fondatrices et ne tourne pas qu'autour de la céramique. Y aller sans tarder.

VINCINI BOTTIER

Guéliz, Rue Ibn Aicha
✆ + 212 524421791
Ouvert de 9h30 à 13h et de 15h à 19h30 et le samedi matin.
Bienvenue dans l'atelier du maître cordonnier Jean-Michel Davanzo, de la maison Vincini dont la réputation a voyagé au-delà des frontières. C'est ici, dans le quartier du Guéliz, qu'une équipe de six artisans s'affaire avec la minutie qu'impose le métier, à réaliser des chaussures sur-mesure, à la main, mais aussi à réparer des souliers de grande marque.

YAN & ONE

Centre d'affaire Taleb
120 Avenue Mohammed V
www.yan-one.com
Cette enseigne marocaine de cosmétiques vient de débarquer dans la ville rouge, prenant place sur l'avenue la plus marchande. Temple dédié à la beauté, avec des produits introuvables en Europe, un vrai paradis pour les *beauty addicts* ou les influenceuses. On y trouve principalement les gammes et les produits phares de la marque, entre maquillage, palettes de couleurs, vernis, parfums *tailor-made*, soins et accessoires mais aussi, de façon plus inattendue, des thés détox.

SORTIR

On sort beaucoup à Marrakech et c'est sans conteste dans la ville nouvelle que tout se passe ou presque. Boîtes de nuit et bars branchés sont à vous ! Sortir, c'est souvent se rendre dans un restaurant chic du Guéliz ou de l'Hivernage, n'hésitez donc pas à jeter un œil dans la catégorie « Restaurants » de la ville nouvelle pour trouver votre bonheur.

CAFÉS – BARS

BAB HÔTEL

Guéliz
A l'angle des boulevard Mansour Eddhabi et rue Mohammed El Beqqal.
✆ +212 5 24 43 52 50
www.babhotelmarrakech.ma
reservation@babhotelmarrakech.ma

Ouvert tous les jours de 18h à 2-3h du matin.
Le Sky Bab, bar du Bab Hôtel, est un endroit plaisant pour boire un verre avec des amis. Tout de blanc paré, il est habillé de photos et portraits géants de stars internationales, de Madonna à Gainsbourg. Le soir, vous pouvez vous y restaurer et la journée *chiller* autour d'un barbecue et profiter d'un bain de soleil. Une adresse agréable, située sur la terrasse au 6e étage.

LE BLOKK

à droite après le palais Mehdi
Circuit de la Palmeraie
✆ +212 6 74 33 43 34
www.leblokk.com
Ouvert tous les jours de 20h à 1h, sauf le lundi. Menus autour de 300 DH.
On y vient surtout pour l'ambiance festive et décontractée, de style cabaret où se succèdent troupes de danseurs, acrobates et autres animations, bref du spectacle sous toutes ses formes. Côté musique, artistes jazz, latino ou rythm'n blues en live, en fonction de la programmation. A écouter en dînant d'un repas français, marocain et même japonais, le tout à des prix corrects.

L'ENVERS

29, rue Ibn Aicha
✆ + 212 6 62 55 24 78
www.lenvers.ma
hello@lenvers.ma
Ouvert tous les jours de 17h à 2h. Petites planches à partir de 40 DH, assiettes de charcuteries à partir de 60 DH.
La nouvelle adresse *arty* du côté de la nouvelle ville. Tableaux, banquettes en cuir, lampes suspendues et tabourets *design*, une ambiance new-yorkaise pour ce bar à tapas qui propose une jolie carte de vins et des bières à petit prix. *Street art* et art contemporain sont à l'honneur avec des expositions temporaires d'artistes. Tous les soirs, l'ambiance est festive, sets électro et musiciens en *live* font chauffer le *dance floor.* Niveau restauration, ce sont des plats légers avec des planches, bagels, tartes ou encore vérines à des tarifs raisonnables. *The place to be !*

L'EPICURIEN

Casino de Marrakech, Es Saadi Marrakech Resort
Rue Ibrahim El Mazini
✆ +212 6 63 05 57 04
www.essaadi.com
epicurien@essaadi.com
Ouvert à partir de 20h jusqu'à 3h en semaine et jusqu'à 4h le week-end. Live band du mercredi au dimanche à partir de 22h30.
Un des lieux magiques de la ville ocre pour le côté « entertainment ». Une programmation DJ et live band de qualité pour revivre les incontournables du moment. Un casting artistique qui n'a plus à faire ses preuves, la présence de nombreux Marrakchis en est la preuve. Côté restauration, la cuisine est ouverte jusqu'à 3h du matin en semaine et 4h le week-end.

LILA GUÉLIZ

166-176, avenue Mohammed V
✆ +212 5 25 07 70 00
Ouvert de 6h à 1h du matin. Consultez la page Facebook pour être informé des afterworks.
Des *afterwork* branchés sont organisés au restaurant du Radisson Blu Eden tous les soirs, dans un cadre agréable et devant une bonne programmation de DJ et de *live music* à l'heure de l'apéritif. Chic et efficace.

LE SKY LOUNGE
Hivernage
✆ +212 5 24 42 42 42
reservation@thepearlmarrakech.com
À l'angle de l'avenue Echouhada et de la rue du Temple.
Ouvert de 11h à 1h du matin. DJ et concerts.
En plein cœur de l'Hivernage, perché sur les toits de l'hôtel The Pearl, ce bar en terrasse offre une vue imprenable sur Marrakech. Un lieu chic et décon-

L'ENVERS, LA NOUVELLE ADRESSE EN VOGUE !

C'est accoudée au bar que j'ai eu le plaisir de rencontrer Mehdi, gérante de l'Envers, l'une des seules adresses de Marrakech qui met à l'honneur l'art et la musique électro.

Mehdi, tu viens d'ouvrir l'un des bars les plus branchés de Marrakech, peux-tu présenter ton établissement en quelques mots ?

Nous voulions montrer humblement un côté alternatif de Marrakech, avec une déco industrielle, brute, sans paillettes ni bling-bling, le nom l'Envers s'est alors imposé comme une évidence. Nous essayons de mettre en avant de jeunes artistes aussi bien issus des arts visuels que de la musique électronique en leur offrant une plate-forme d'expression.

Être entrepreneur au Maroc n'est pas de tout repos, quels ont été les obstacles ?

Il n'est jamais facile de se lancer dans une telle aventure, beaucoup d'obstacles et de problèmes surviennent, mais comme partout, les problèmes administratifs sont souvent les plus nombreux. Maintenant, tout ça est derrière nous grâce à la belle énergie d'une clientèle qui est au rendez-vous.

Tu programmes des artistes électro quasiment tous les soirs, qu'est-ce qui caractérise la scène électro au Maroc selon toi ?

La scène électro au Maroc est bien particulière, elle connaît ces dernières années une réelle viralité. Ça a commencé avec des collectifs tels que Moroko Loko et leur calendrier d'événements réguliers, puis ça a débouché sur des événements majeurs comme les festivals Oasis et Atlas Electronic (avec qui nous sommes partenaires) ou le festival Moga d'Essaouira. En plus du cadre marocain et plus particulièrement marrakchi, la joie de vivre et la gaieté des locaux va de pair avec la symbiose qui s'établit sur un *dance floor* de musique électro. L'Envers vient garnir cet écosystème en offrant aux artistes une plate-forme d'expression de cet art musical en plein essor au Maroc.

Si tu avais quelques mots pour nous parler de ta ville, Marrakech ?

Marrakech est une ville magnifique qui nous offre depuis quelques années une multitude de lieux, des night-clubs, des palaces, des restos de quartier, des riads majestueux ou intimistes au cœur de la médina et des maisons d'hôte d'exception tout autour de la ville, autant de perles qui méritent d'être découvertes.

tracté où il fait bon déguster un cocktail, profiter de la piscine et des confortables chaises longues ou encore déjeuner en contemplant la médina, les jardins de l'Agdal et les remparts impériaux.

SO LOUNGE

Rue Haroun Errachid, Hivernage
✆ +212 6 56 51 50 09
h3569-uc@sofitel.com
Dans l'hôtel Sofitel Lounge and Spa.
Ouvert tous les soirs de 19h à 4h30. Compter autour de 500 DH pour un repas complet au So Good (jusqu'à 23h30).

Au So, comme le surnomment ses intimes, le décor est design et épuré, la musique ultra-tendance et les gens, hyper apprêtés... Vous l'aurez compris, l'entrée est aussi sélective que dans un endroit parisien branché. Trois ambiances : le So Nice en terrasse avec ambiance DJ, *chill out*, chicha lounge et tapas ; le So Good abritant un restaurant gastronomique marocain, français et asiatique et le So fun, le club où se déchaîner pour le reste de la nuit...

CLUBS ET DISCOTHÈQUES

Comme partout en Europe ou ailleurs dans le monde, les discothèques se remplissent tard dans la nuit à partir de 00h30 ou 1h du matin. Si vous souhaitez une table, il vous en coûtera le prix d'une bouteille (à partir de 1 400 DH en général). Il est dans ce cas préférable de joindre le club le soir même vers 19h pour la réserver en précisant le nombre de personnes, pour que l'expérience soit totale.

BABOUCHKA

10 rue Haroun Errachid
✆ +212 616 609 470
www.babouchka-marrakech.com
contact@babouchka-marrakech.com
Du jeudi au dimanche, de 23h30 à 5h.

Considéré comme l'un des meilleurs clubs de la ville, Babouchka séduit d'emblée les fêtards avec sa programmation éclectique, mélange de genres distillé par des DJ internationaux. Ici, vous serez à votre aise, car chacun est libre d'évoluer en jeans comme en robe du soir, le maître mot étant de pouvoir se déchaîner sur le dance-floor en toute convivialité et de partager l'instant.

BUDDHA BAR

L'Hivernage
Avenue Prince Moulay Rashid
✆ +212 5 24 45 93 00
www.buddhabarmarrakech.com
info@buddhabar.ma
Ouvert 7j/7, cuisine jusqu'à 1h, fermeture à 3h.

QUATRE DISCOTHÈQUES SEULEMENT ?

Scandale ! Marrakech est connue pour sa vie nocturne et le *Petit Futé* ne propose que quatre adresses de boîtes de nuit ! Ne brûlez pas votre guide de rage, il y a en effet beaucoup de discothèques à Marrakech. Seulement, la plupart d'entre elles ont majoritairement des filles de joie pour clientèle féminine... Une fois éliminés ces établissements et ceux à l'ambiance morose, il ne reste plus que quelques adresses, celles que nous vous recommandons.

Le Buddha Bar est la dernière adresse branchée du quartier de l'Hivernage. Ce lounge bar aux couleurs de l'Orient vous invite à découvrir le mouvement du Pacific Rime, une cuisine asiatique inspirée des saveurs du Pacifique, un art de vivre qui invite à l'opulence mais aussi au partage. Ici, tout n'est que volupté, différents espaces sont proposés : du petit coin cosy à la piste qui s'enflamme au rythme des danseurs qui font le show sur des sonorités tribales... Une adresse chic et festive qui nous fait voyager le temps du soirée.

FACTORY'Z

92, rue Yougoslavie
✆ +212 6 69 25 42 36
Ouvert tous les jours à partir de 21h. Entrée libre. Tenue correcte exigée. Réservation conseillée.
Danseuses et *live band* vous en mettent plein la vue pour une soirée animée et souvent bien arrosée dans 3 salles et 3 ambiances avec son sous-sol, son dancefloor et le lounge. La Factory'z, c'est le rendez-vous des fêtards depuis son ouverture en juin 2017 qui adopte un style industriel avec ses passerelles en métal, ses bars en zinc et ses lampes suspendues... Service de restauration sur place et cocktails à déguster, avec modération, bien sûr !

Le Theatro.

LE THEATRO

Rue Ibrahim El Mazini
Es Saadi Marrakech Resort, Hivernage
✆ +212 6 64 86 03 39
www.theatromarrakech.com
info@theatromarrakech.com
Ouvert de 23h30 à 5h du matin. Entrée à partir de 200 DH en semaine/300 DH le week-end.
Très fréquentée, cette boîte de nuit, ancienne scène de Music hall, est une référence à Marrakech.

SPECTACLES

FANTASIA CHEZ ALI

Circuit Jaffaria
route de Casablanca
Palmeraie
✆ +212 6 93 04 95 21
www.chez-ali.com
contact@restaurant-chez-ali.com
Comptez à partir de 50 €. Uniquement le spectacle : à partir de 28 €.
L'entrée grandiloquente du complexe fait un peu penser aux *Mille et Une Nuits*, version Disneyland, avec tout ce décorum en carton-pâte abritant les boutiques de souvenirs. Mais la soirée vaut le déplacement. Le repas, très copieux mais pas franchement mémorable, se compose d'un méchoui et de divers plats traditionnels. Les plats sont apportés à votre table, des musiciens et des danseurs passant de temps à autres. Puis la fantasia, proprement dite, commence avec défilé d'artistes : cavaliers, danseurs...

ACTIVITÉS ENTRE AMIS

MARRAKECH PAINTBALL

Km 22, Sidi Abdellah Ghiat
© +212 6 68 66 80 06
www.marrakechpaintball.com
Après le Golf Royal.
A partir de 12 ans. Entrée : 160 DH pour 100 billes, ; 390 DH pour 500 billes.
Entrée 150 DH avec cent billes. Cinq cents billes supplémentaires (à partager entre les joueurs) 300 DH. A partir de 8 ans.

MARAJAH SPA

Las Torres Majorelle
Différentes formules entre 30 min et 3h.
Du hammam traditionnel jusqu'aux formules kids avec gommage et enveloppement au chocolat, tout le monde a droit de se faire dorloter comme il se doit dans ce nouveau spa. La détente à son paroxysme dans un décor de rêve, brillamment conçu par le propriétaire en personne. Loin, propulsés très loin de l'agitation frénétique de la ville, on y va les yeux fermés.

PALM GOLF

Circuit de la Palmeraie
© +212 5 24 36 87 66
www.palmeraieresorts.com
golf.ch@palmeraieresorts.com
Ouvert de 7h à 18h. Compter 500 DH pour la journée en basse saison et 650 DH en haute saison, en tant que passant pour le parcours 18-trous. Leçons : pour une personne, l'heure est à 500 DH ; tarif dégressif en fonction du nombre d'élèves. Prix des stages sur demande.
Golf 18-trous. Une belle bouffée d'air pur.

UN BON SWING ?

Marrakech vise tout simplement à devenir l'une des premières destinations golfiques au niveau mondial et le pari est réussi. Pléthore de projets sont encore en cours, dont un presque pharaonique. Il s'agit de la construction d'un espace de 174 ha dont 50 ha seront dédiés au golf puisqu'il est prévu de faire un 24-trous ! En attendant du concret, vous pourrez d'ores et déjà taper la balle dans les adresses ci-après :

ROYAL GOLF DE MARRAKECH

Ancienne route de Ouarzazate © +212 5 24 40 98 28
www.royalgolfmarrakech.com – contact@royalgolfmarrakech.com
Depuis le centre-ville, rond-point de la Mamounia, direction route de l'Ourika, au rond-point, prendre les jardins de l'Agdal et tourner à droite, puis tout droit.
Parcours de 650 DH pour la journée, à 3 000 DH pour 7 jours pour un parcours de 18-trous.
Le Royal Golf de Marrakech, avec son histoire, son jardin et ses 15 000 arbres, est une expérience unique. à partir de mars, le club house sera entièrement rénové et accessible aux golfeurs, Les infrastructures modernisées, donnant ainsi un souffle nouveau au Golf Royal de Marrakech. Les 3 parcours de 9 trous sont toujours accessibles

TERRES D'AMANAR

Douar Akli, route d'Asni, km 38
Province El Haouz
✆ +212 5 24 43 81 03
www.terresdamanar.com
resa@terresdamanar.com
A 4,6 km de la station-service de Tahanaout.
A partir de 100 DH le parcours. Ecolodge double à partir de 1 000 DH. Tentes lodge à partir de 567 DH.

Ce parc de loisirs est idéal pour passer une journée en pleine nature. Diverses activités sont proposées comme accrobranche, tyrolienne, tir à l'arc, randonnées équestres, à VTT, etc.
Encadrement professionnel. Bref, les Terres d'Amanar offrent un large panel d'activités aux grands comme aux petits : activités sportives, culturelles ou tout simplement pauses bien-être, qui permettent de redécouvrir les éléments naturels et de s'y confronter ; parcours santé, piscines, randonnées pédestres, à dos d'âne ou à cheval offrent des moments de relaxation privilégiés tandis que les ateliers de cuisine ou d'initiation à l'artisanat local permettent de dialoguer avec les habitants et de partager des expériences inédites.

Autre adresse : Siège administratif : 245, avenue Mohammed V, 4e étage – Guéliz +212 5 24 42 20 89.

THE QUEEN

Près New Yorker
Marrakech Plaza
✆ +212 6 12 12 12 18
Ouvert de 10h à 22h tous les jours. Pédicure 180 DH.

Après avoir arpenté les rues et les derbs de Marrakech, l'on mérite bien une pause détente et quelques heures de cocooning. Pas besoin d'aller très loin, car à Guéliz, tout près du marché aux fleurs, se trouve un petit institut de beauté qui saura vous dorloter, entre manucure, soins, coiffure et hammam, à des prix très compétitifs, car fréquenté par une clientèle locale. Bon à savoir : accessible aux hommes autant qu'aux femmes.

POUR VOS ENFANTS

KAWKAB JEUX

Centre Harti (juste après Royal Tennis Club)
Rue Imam Chafii
Guéliz
✆ +212 5 24 43 89 29
www.kawkab-jeux.com
Restauration sur place.

Espace de jeux pour enfants de tout âge proposant différentes activités : manuelles, artistiques, jeux de société, jeux de construction, jeux d'équipes, etc.

POUR UN DÉJEUNER-CUISINE À LA VIE EN ROSE !

Rencontre avec Françoise Davia, gérante de la Vie en rose, un lieu paradisiaque à la campagne, avec au programme : atelier cuisine, déjeuner piscine et farniente. L'occasion de prendre l'air et de découvrir le calme de la campagne à 15 minutes de Marrakech.

Françoise, si tu pouvais te présenter en quelques mots…

Épicurienne, bosseuse, passionnée… J'aime les choses simples, mais de qualité ! J'aime les enfants et les animaux, je voue une passion à mes chevaux !

Tu vis à Marrakech depuis un certain nombre d'années, quel a été le déclic pour toi ?

Je suis arrivée il y a 15 ans pour créer le Riad Davia, situé dans la médina. Je pensais comme beaucoup « gérer à distance » en restant basée en France… Marrakech en a immédiatement décidé autrement !

Peux-tu nous présenter l'établissement que tu gères avec Jean, ton associé, La Vie en rose ?

C'est une demeure de maître que nous avons transformée en maison d'hôte. Nichée dans un parc de 5 hectares, cette maison propose 5 chambres à louer et une cabane sur pilotis ainsi que des activités à pratiquer dans une ambiance décontractée : équitation, tennis, piscine, ateliers de cuisine marocaine. C'est comme un petit Club Med, mais en toute intimité !

Ça ne semble pas facile de monter un « business » au Maroc, qu'est-ce qui fait que vous vous êtes accrochés ?

Nous portons un grand attachement à notre pays d'accueil et les difficultés rencontrées dans le secteur du tourisme n'ont fait que renforcer l'envie de se battre et de montrer que Marrakech et sa région sont un paradis terrestre !

Quinze années que tu vis au Maroc, te sens-tu un peu marocaine aujourd'hui ?

« Nouss nouss », comme on dit ici… « Moitié-moitié. » Mariée à un Marocain, maman d'une fille de 16 ans ayant toujours vécu au Maroc, je me sens effectivement appartenir en partie à ce beau pays… Ce qui ne m'empêche pas de « kiffer » mes petits séjours français !

Peux-tu nous donner tes meilleures adresses, restaurant, shopping, balades ?

Mes choix sont éclectiques : un déjeuner sur la belle terrasse de l'Atlas Golf, une balade au marché traditionnel du Mellah, un après-midi shopping au quartier industriel de Sidi Ghanem (meubles, déco), boire un verre à l'Entrepotes, dîner au BO&ZIN ou les pieds dans l'eau à Ouelmes chez un Malem de la grillade.

POUR UN DÉJEUNER-CUISINE À LA VIE EN ROSE !

LA VIE EN ROSE
Km 14 route de l'Ourika
✆ +212 6 93 08 17 36
www.lavieenrose-marrakech.net
lavieenrosemarrakech@gmail.com
Nuitée à partir de 90 € la chambre double et à partir de 80 € pour la cabane sur pilotis. Petit déjeuner inclus.
La Vie en Rose porte bien son nom ! Loin de l'agitation de la médina, cette charmante maison d'hôte est nichée dans un parc verdoyant de 5 hectares. Elle offre tout le confort pour un séjour détente : piscine, terrasse, restaurant, ateliers cuisine, massages et soins esthétiques. Moderne et design, la villa opte pour un style épuré. La Vie en Rose est l'adresse idéale pour les passionnés d'équitation : au programme, balade, cours d'équitation et saut d'obstacle. D'autres propositions toutes aussi attrayantes avec l'atelier cuisine sur réservation sous le regard attentif de la chef cuisinière qui vous fera découvrir les secrets de la cuisine marocaine. Direction le marché de la médina pour remplir son panier des meilleurs produits et les cuisiner au bord de la piscine. Après l'effort le réconfort avec dégustation des plats mijotés et farniente jusqu'au coucher du soleil.

Exposition de tapis dans les rues de Marrakech.
© SÉBASTIEN CAILLEUX

PALMERAIE ET AU-DELÀ

IMMANQUABLE DANS CE QUARTIER

- La Palmeraie, oasis créée par les Almoravides qui a conservé une ambiance mystique.
- La vallée de l'Ourika, une escapade dépaysante dans une vallée verdoyante toute proche.
- L'Oukaimeden, on grimpe à 2700 m à la recherche de fraîcheur l'été et de neige en hiver.
- Le parc naturel du Toubkal, où faire des balades et treks insolites, organisés à partir d'Imlil.

PALMERAIE ET AU-DELÀ

VISITER

JARDIN ANIMA ★★

Route de l'Ourika, km 27
✆ +212 5 24 48 20 22
www.anima-garden.com
info@anima-garden.com

Ouvert tous les jours de 9h à 18h. A partir de 12 € pour les adultes. Navette gratuite au départ du centre-ville.

Situé sur la route de l'Ourika, voici une excellente raison pour s'échapper de la « Ville ocre » et profiter d'une journée au cœur d'un jardin botanique de plus de deux hectares. Une escapade qui permet de découvrir les œuvres gigantesques et colorées d'André Heller, à l'initiative de ce petit paradis verdoyant peuplé de curiosités. En toile de fond, l'Atlas et ses courbes enneigées offre le cadre idéal pour apprécier les paysages spectaculaires mettant en scène botanique et objets artistiques. Une invitation à la contemplation qui ne saurait se refuser. Le musée conçu par l'architecte Carmen Wiederin est l'occasion de découvrir de jeunes artistes de tous horizons. Le café du jardin est la pause parfaite pour prendre le temps de digérer ce spectacle étonnant ! Un projet audacieux qui vaut le détour.

MUSÉE MATHAF FARID BELKAHIA

Palmeraie ✆ +212 5 24 32 89 59
www.fondationfaridbelkahia.com
fondationfaridbelkahia@gmail.com

Jardin Anima.

Ouvert tous les jours de 10h à 19h. Entrée : 50 DH ; 30 DH pour les moins de 12 ans et les étudiants.
À l'initiative de la fondation éponyme, ce musée a vu le jour en 2016 pour faire connaître les œuvres et la vie de l'artiste marocain Farid Belkhaia. D'autres contemporains sont exposés au sein de l'ancienne maison des artistes avec sa jolie verrière Art déco, à découvrir si l'on est féru de peinture.

MUSÉE POUR LA CIVILISATION DE L'EAU AU MAROC ★

A l'entrée du circuit de la Palmeraie. route de Casablanca
✆ +212 524 055 351
www.museeaman.ma
info@museeaman.ma
Ouvert tous les jours de 9h à 19h. Entrée : 45 DH ; gratuit pour les moins de 12 ans.
Tous les thèmes autour de l'eau sont ici abordés, en particulier celui de sa gestion au Maroc, sa préservation, son importance et sa problématique. Sur trois niveaux, on se promène autour de cet immense espace d'exposition très éducatif. On ne peut en repartir que sensibilisé... le but est atteint !

LA PALMERAIE

Voir page 19.

SE RESTAURER

MES'LALLA

Route du Golf Royal (Hôtel Mandarin Oriental)
✆ +212 5 24 29 88 88
www.mandarinoriental.fr
momrk-restaurants@mohg.com
Ouvert de 19h à 23h. Fermé le mardi. Environ 800 DH par personne pour un menu Dégustation.

© AUTHOR'S IMAGE

Adresse incontournable des fins gourmets, l'année 2017 a marqué un tournant pour le restaurant du prestigieux hôtel Mandarin Oriental : le Mes'Lalla a changé de chef ! Les plats sont désormais signés par Salim Ait Ezzine qui s'applique à sublimer les produits du potager de l'établissement dans des recettes raffinées, issues de la gastronomie marocaine ou de traditions plus lointaines. De quoi perpétuer la réputation irréprochable du Mes'Lalla, fleuron de la cuisine marrakchie.

LE PASTA COSY

Circuit de la Palmeraie
Hôtel Palmeraie palace
✆ +212 675 48 01 86
www.palmeraieresorts.com
restauration.pp@palmeraieresorts.com
Ouvert du mardi au dimanche de 12h à minuit. Pizza à partir de 80 DH.

Finalement, vous prendriez bien un *chouya* d'Italie dans votre séjour marocain ? Au Pasta Cosy par exemple, où la carte a été puisée dans tous les grands classiques italiens : antipasti, carpaccio, pizza, risotto, pâtes et ravioli, sans oublier les desserts, dont la traditionnelle panna cotta et un appétissant tiramisu fraise-pistache. Vue imprenable sur les *greens* du Palmeraie Resort avec peut-être en prime un beau coucher de soleil...

SHOPPING

PRETTY LINGE

Zone industrielle Sidi Ghanem
317, route de Safi
1er étage, appartements 1 et 2
✆ +212 5 24 33 58 83
www.prettylinge.com
contact@prettylinge.com
Du lundi au vendredi de 9h à 13h et de 14h à 18h et samedi de 9h à 13h.
Dans la zone industrielle de Sidi Ghanem, cette boutique est spécialisée dans le linge de bain et de maison. On y trouve également une multitude d'accessoires en tout genre, pour la maison et pour bébé. L'enseigne s'est fait une excellente réputation à Marrakech, notamment avec les linges en pur coton égyptien ou encore avec la percale ou le satin de coton. Des produits d'excellente qualité, et en moyenne 30 % moins chers qu'en Europe.

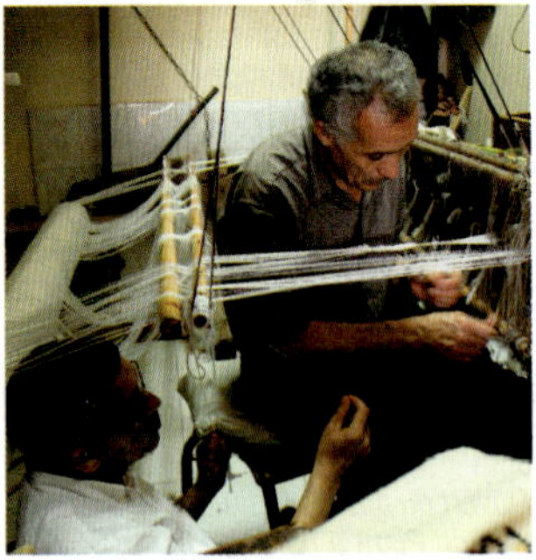

© ELOÏSE BOLLACK

SORTIR

NIKKI BEACH

Circuit de la Palmeraie
✆ +212 6 64 29 29 45
www.nikkibeach.com
nikkibeach@palmeraieresorts.com
A côté du Palmeraie Golf Palace.
Ouvert tous les jours de 11h au coucher du soleil. Restauration à la carte : environ 480 DH, hors boissons.
Le Nikki Beach est une institution internationale en matière de tourisme glamour, tendance et bronzing.
Avec sa piscine bleu lagon, sa déco chic et son DJ set quotidien, l'établissement attire une clientèle séduite par une journée de farniente.

LE FUEGO LATINO

Hôtel Palmeraie Resorts
✆ +212 6 19 27 29 45
www.palmeraieresorts.com
fuegolatinomarrakech@gmail.com
fuegolatino@palmeraieresorts.com
Ouvert tous les soirs à partir de 20h. Menu churrascaria à partir de 420 DH par personne. Réservation conseillée.
Amateurs de rythmes latinos et de show millimétrés, cette soirée est la vôtre ! Autour d'un repas qui reste dans le thème, la revue et le groupe du plus caliente des restaurants du Palmeraie Resorts donnent, chaque soir, toute leur énergie pour vous en mettre plein les yeux.

ORGANISER SON SÉJOUR

Dans les ruelles de la médina de Marrakech.

© RAFALBELZOWSKI

PENSE FUTÉ

ARGENT

La monnaie marocaine est le dirham (DH).
1 € = environ 10,80 DH ; 100 DH = 11 €. Le taux de change est fluctuant et change régulièrement. Essayez de toujours avoir de la monnaie sur vous, personne n'en a jamais, surtout les petits taxis.

CLIMAT

Grand ciel bleu toute l'année à Marrakech, il ne pleut pratiquement jamais, sauf sporadiquement en novembre. Côté températures, il fait généralement entre 9 et 20 °C de novembre à mars et entre 24 et 30 °C en juillet et août. Les meilleurs mois pour s'y rendre sont donc au printemps et en automne, durant les mois de mai, juin, septembre et octobre où le thermomètre oscille entre 15 et 25 °C. Évitez juillet et août, les températures s'élèvent à 45 °C, et peuvent parfois flirter avec les 50 °C, difficile alors de profiter pleinement des beautés de la ville ocre.

DÉCALAGE HORAIRE

Il y a une heure de décalage horaire entre la France et le Maroc en été et en hiver. Le royaume n'effectue pas les passages aux heures d'été et d'hiver en même temps que l'Hexagone, ce qui entraîne un décalage de deux heures entre les deux pays durant quelques semaines. Enfin, pour faciliter le Ramadan, le Maroc revient à l'heure GMT. Durant ce mois, le Maroc et la France ont donc deux heures de décalage.

FORMALITÉS

Pour les ressortissants français, belges, suisses et canadiens : le passeport en cours de validité est obligatoire pour tout séjour en individuel. Pas de visa exigé pour tout séjour inférieur à trois mois.

INTERNET

Vous n'aurez aucune difficulté pour trouver un cybercafé, surtout aux alentours de la place Jemaâ el-Fna. Les tarifs tournent autour de 10 DH de l'heure. De nombreux hôtels, restaurants, cafés et commerces proposent aussi une connexion Internet.

LANGUES PARLÉES

La langue officielle est l'arabe, mais on entend surtout la variante marocaine appelée *darija*. Marrakech étant très touristique, vous n'aurez aucune difficulté à vous faire comprendre en français, voire en anglais le cas échéant.

SÉCURITÉ

La ville de Marrakech est relativement sûre. C'est la seule du pays à être dotée d'une police touristique, très réactive et attentive de surcroît. Un commissariat s'est ouvert près de l'ex-Club Med de la place. Précautions habituelles de rigueur, mais pas plus : attention aux pickpockets dans les souks, aux gamins présents sur la place Jemaa el Fna, éviter les rues désertes de la médina la nuit, ne pas exposer des signes de richesse, ne pas suivre un inconnu, etc.

TÉLÉPHONE

- **Pour téléphoner de France vers le Maroc**, composez le 00 + 212 + les neuf derniers chiffres de votre correspondant.
- **Pour téléphoner du Maroc vers la France**, composez le 00 + 33 + les neuf derniers chiffres de votre correspondant.
- **A l'intérieur du pays**, composer les dix chiffres. Les numéros commençant par 06 sont, comme en France, des portables.

TOURISME

CONSEIL RÉGIONAL DU TOURISME

✆ +212 5 24 43 34 07
www.visitmarrakech.ma
contact@visitmarrakech.ma

DÉLÉGATION RÉGIONALE DU TOURISME

137, Avenue Mohammed-V – Place Abdelmmoumen Ben Ali, Guéliz
✆ +212 5 24 43 61 31

© KUDLA - SHUTTERSTOCK.COM

Y ALLER

L'avion est le moyen le plus pratique de rejoindre Marrakech. Mais pour les réfractaires, il existe un service de bus qui opère et vous propose le trajet depuis Paris, Lyon et Marseille, sachant que le voyage dure 2 jours ou plus. De nos jours, on peut aussi regarder du côté covoiturage en organisant les différentes étapes. En train, pourquoi pas ? Il faut alors traverser l'Espagne et prendre le ferry pour la mini traversée du détroit de Gibraltar, un vrai voyage.

EN AVION

Plusieurs compagnies rejoignent quotidiennement Marrakech en 2 heures 15 ou 3 heures de vol environ selon la provenance. Les tarifs les plus bas commencent à 90 €.

AIR EUROPA

✆ 01 42 65 08 00
www.aireuropa.com
Air Europa assure plusieurs liaisons par semaine de Paris-Orly à Marrakech via Madrid. Compter 5h20 de vol.

EASYJET

✆ 08 20 42 03 15
Cette compagnie low cost relie plusieurs fois par semaine Paris et Marrakech. Il existe également des liaisons au départ de Lyon et Toulouse.

ROYAL AIR MAROC

www.royalairmaroc.com
La compagnie nationale marocaine propose plusieurs vols quotidiens directs de Paris à destination de Marrakech (3 heures de vol).

TRANSAVIA

✆ 08 92 05 88 88
www.transavia.com
Filiale low cost de la compagnie Air France/KLM, Transavia assure, au départ de Paris Orly et de l'aéroport de Nantes, des liaisons à bas prix vers Marrakech.

EN BATEAU

EUROMER & CIEL VOYAGES

5 - 7, quai de Sauvages
Montpellier (France)
✆ 04 67 65 95 12
www.euromer.com
Ouvert du lundi au samedi de 9h à 18h45 et le samedi de 9h à 17h45.
Cette agence de voyages agit depuis plus de vingt ans afin d'organiser des séjours de rêves pour ses clients. Aujourd'hui, la société est la référence des traversées maritimes. Elle opère des traversées vers la Corse, le bassin méditerranéen (Grèce, Italie, Espagne, Malte, Croatie, Albanie, Baléares, îles grecques...), le Maghreb (Maroc, Algérie, Tunisie...) ou encore vers l'Europe du Nord, l'Irlande et l'Angleterre. Les agents de l'établissement montpelliérain seront disponibles et à l'écoute afin d'aménager à vos côtés vos vacances idylliques. L'échelle des prix pratiqués est large, son rapport

qualité-prix est quant à lui indéniable. N'hésitez pas à aller à leur rencontre.

Autre adresse : Agence à Béziers (✆ 04 67 48 15 15), Sète (✆ 04 67 65 95 11) et Avignon (✆ 04 32 74 64 30)

AGENCES DE VOYAGE

ALMA VOYAGES

573, route de Toulouse
Villenave-d'Ornon (France)
✆ 05 56 87 58 46
www.alma-voyages.com
agvalma@almavoyages.com
Ouvert du lundi au vendredi de 9h à 18h30 et le samedi de 9h30 à 17h30.
Une large offre de voyages (séjour, circuit, croisière ou circuit individuel) avec l'émission de devis pour les voyages de noces ou sur mesure. Alma Voyages pratique les meilleurs prix du marché et travaille avec Kuoni, Beachcombers, Jet Tour, Marmara, Look Voyages... Si vous trouvez moins cher ailleurs, l'agence s'alignera sur ce tarif et vous bénéficierez en plus, d'un bon d'achat de 30 € sur le prochain voyage. Surfez sur leur site !

AMPLITUDES

60, rue Sainte Anne (2e)
Paris (France)
✆ 01 44 50 18 58
www.amplitudes.com
contact@amplitudes.com
Ouvert du lundi au vendredi de 10h à 19h et le samedi jusqu'à 18h. Contact clients agence de Toulouse (second numéro).
Spécialiste des voyages sur mesure, en solo, en couple ou en groupe, des voyages en famille et des circuits privatifs depuis près de trente ans, l'agence de voyages toulousaine Amplitudes et son antenne parisienne proposent des circuits en Italie, et notamment un voyage intitulé « La romance des grands lacs piémontais », soit une semaine pour découvrir les lacs et profiter de la douceur de leurs rives. Les différentes propositions sont disponibles sur le site Internet. Informations pratiques et conseils d'experts avec l'équipe en agence.

© PAVLIHA

Place Jemaâ El-Fna.

CERCLE DES VACANCES

31, avenue de l'Opéra (1er)
Paris (France)
✆ 01 40 15 15 11
www.cercledesvacances.com
M° Pyramides.
Ouvert du lundi au vendredi de 9h à 20h et le samedi de 10h à 18h30.
Les conseillers du Cercle des Vacances sont des spécialistes qui partageront avec vous leurs conseils et leurs petits secrets pour faire de votre voyage une expérience inoubliable et personnalisée. Confiez-leur vos habitudes de voyages, les différentes régions que vous souhaitez découvrir et élaborez ensemble un voyage sur mesure, qui vous ressemble. Leur agence en plein cœur de Paris vous accueille du lundi au samedi pour vous proposer des séjours, des circuits et des vols à prix économiques avec un original service de conciergerie.

DUNES ET DÉSERT

Douar Ouled Mesouad
Maroc
✆ +212 6 61 53 96 39
www.dunesdesert.com
info@dunesdesert.com
Consultez les tarifs des activités sur le site Internet, le transfert aller-retour depuis votre hôtel y est inclus.
Adresse des plus sérieuses et dont la réputation n'est plus à faire. Une invitation à découvrir le Maroc au travers d'activités découverte et sportives telles que quad, buggy, rafting, parapente, dromadaire.... En demi-journée, en journée ou sur plusieurs jours, vous pouvez compter les yeux fermés sur l'équipe de Dunes & Désert, rôdée et professionnelle. On a adoré la balade – accessible à tous – d'une demi-journée dans les alentours de Marrakech, avec pause thé chez l'habitant. Excellent rapport qualité-prix.

FUN & FLY – SPORT AWAY

2, rue Louise-Weiss
Toulouse (France)
✆ 05 67 31 16 11
www.fun-and-fly.com
glisse@fun-and-fly.com
Métro Borderouge.
Du lundi au vendredi de 8h30 à 18h30 et le samedi de 10h à 17h.
Amateur de glisse dans les embruns ? Associées depuis 2014, les enseignes toulousaines Fun & Fly et Sport Away unissent leurs talents pour vous proposer des séjours en version grand large ! Surf, windsurf, kitesurf et stand-up paddle sont déclinés en diverses formules pour répondre à toutes vos envies. Débutant ou expert, en famille, en duo ou en bande de mordus, en quête de fiesta ou avide de découvertes insolites, vous trouverez ici le voyage qui vous convient, totalement organisé pour ne laisser place qu'au plaisir du sport. Destination ? La Martinique, le Brésil, la Turquie, l'Afrique du Sud, le Vénézuela, le Sri Lanka ou encore Zanzibar... Vous n'êtes pas au bout de vos surprises !

ROOTS TRAVEL

17, rue de l'Arsenal (4e)
Paris (France)
✆ 01 42 74 07 07
www.rootstravel.com
Bureaux ouverts du lundi au samedi de 10h à 13h et de 14h à 18h.
Des séjours de 8 jours en riad de charme ou bien-être sont programmés à Marrakech. Vous trouverez sur leur site Internet toutes les promos, informations et conseils pratiques.

S'Y DÉPLACER

Pour visiter Marrakech uniquement, une voiture pourrait se révéler encombrante ; on lui préférera la marche et les petits taxis. La médina appartient aux piétons, aux deux-roues (en théorie tenus à la main) et aux charrettes. Le plus simple est vraiment de vous déplacer à pied. De toute façon, on ne vous laissera pas trop le choix : les taxis détestent s'aventurer dans les dédales de ces ruelles encombrées et refuseront de vous y emmener pour des questions pratiques.

D'une manière générale, la configuration de Marrakech rend les promenades en voiture faciles, si l'on suit les tracés des avenues principales. Si vous tenez absolument à ce moyen de locomotion, vous pouvez longer les remparts de l'extérieur, emprunter le circuit de la Palmeraie, faire un tour au Guéliz ou une halte à la Ménara. Dans la ville nouvelle, une voiture peut être pratique, mais encore faut-il avoir les nerfs suffisamment solides pour résister à la conduite marocaine. On trouve des petits taxis partout et une petite course se compte en centimes. On ne marchande pas pour les courses, le compteur est obligatoire, veillez bien à ce que votre chauffeur l'allume. Si vous restez dans Marrakech intra-muros, louer une voiture n'est donc pas nécessaire. Si votre hébergement se trouve à la Palmeraie, réfléchissez-y peut-être, car un taxi vous coûtera environ 100 DH l'aller simple. Les bus sont aussi très efficaces, vous pouvez facilement rejoindre Guéliz, le quartier central moderne, depuis Jemaâ el-Fna (place Foucault), pour 7 DH, c'est-à-dire le tarif minimum obligatoire, ce qui est très pratique.

TAXI VERT, UNE COURSE SÉCURISÉE !

Cette compagnie vous permet de réserver un taxi par téléphone, le service est encadré et très professionnel. Le conducteur connaît exactement la destination de votre course et ne fera pas de détour puisque sa course est contrôlée (heure de départ et heure d'arrivée). La compagnie propose également des services adaptés aux personnes à mobilité réduite et à besoins spécifiques. L'avantage est qu'il vient vous chercher à votre adresse, très intéressant pour les déplacements de nuit, cela vous évite de chercher un taxi dans la rue et de devoir négocier ou encore arriver à vous faire comprendre sur votre destination. Très pratique !

Circulation quotidienne à Marrakech.

- **De l'aéroport,** il n'y a pas de train. Vous aurez le choix entre la navette ou un taxi qui prennent tous deux une quinzaine de minutes pour vous emmener au centre-ville. Concernant les navettes, il y en a en principe une par heure de 7h à minuit. 30 DH aller-retour (retour à utiliser dans les 15 jours).

Les taxis de l'aéroport sont la bête noire des touristes et des voyageurs, ils sont présents, mais beaucoup tentent d'arnaquer les nouveaux arrivants. Une pancarte juste à la sortie de l'aéroport affiche les tarifs réglementaires. Faites-les respecter et ne rentrez pas dans leur jeu. Tarif de jour, 70 DH aller simple. C'est également inscrit noir sur blanc à l'intérieur du pare-brise, où figure aussi un numéro de réclamation... bon à savoir.

TRANSPORTS EN COMMUN

La compagnie de bus Alsa assure les transports à Marrakech et dans sa région. Vous trouverez tous les horaires de bus sur la station Place Foucauld, à côté de la place Jemaâ el-Fna. Il est relativement pratique de prendre le bus pour faire des trajets simples comme entre Jemaâ el-Fna et Guéliz ou encore Bab Doukkala, cela reste le plus économique de tous les transports. Pour le reste, si vous avez peu de temps pour appréhender les transports publics de Marrakech ou que la promiscuité vous pèse, prenez un taxi et assurez-vous que le compteur (obligatoire) est en marche pour ne pas avoir de mauvaises surprises. Ils sont collectifs et peuvent prendre trois passagers maximum, chacun disposant de son compteur.

TAXI VERT

✆ +212 5 24 40 94 94

Majoration sur la course de 10 DH en journée et de 20 DH le soir. Pour les petits budgets, n'hésitez pas lors de votre commande à demander le tarif approximatif de votre course. Service opérationnel 24h/24.

TAXIS

Deux sortes de taxis circulent à Marrakech.

- **Les petits taxis,** en général des 205 ou des Fiat Uno jaunes. Ils ne circulent qu'à l'intérieur de la ville et dans les faubourgs et n'ont pas l'autorisation de dépasser un certain périmètre. Tarif d'une petite course : environ 10 DH, soit moins d'un euro. Course minimum : 7 DH. Ne jouez pas le jeu des négociations avant de monter et ne vous formalisez pas si un taxi refuse de vous prendre, c'est que votre itinéraire ne l'arrange pas. Vous devez vous assurer que le chauffeur mette bien le compteur, c'est une obligation pour lui et la garantie de bénéficier d'un tarif « normal » pour vous.

- **Les grands taxis.** Ces taxis, généralement des Mercedes, assurent uniquement les liaisons inter-villes. Ils sont collectifs. Départ à proximité de Bab Robb et de Bab Doukkala, pratique pour aller du côté de la vallée de l'Ourika ou encore à Oukaïmeden (entre 100 et 150 DH).

LOCATION DE VOITURE

AUTO EUROPE

✆ +33 974 592 518
www.autoeurope.fr
reservations@autoeurope.fr

Auto Europe négocie toute l'année des tarifs privilégiés auprès des loueurs internationaux et locaux afin de proposer à ses clients des prix compétitifs. Les conditions Auto Europe : le kilométrage illimité, les assurances et taxes incluses dans de tout petits prix et des surclassements gratuits pour certaines destinations. Vous pouvez récupérer ou laisser votre véhicule à l'aéroport ou en ville.

BSP AUTO

www.bsp-auto.com
Site comparatif accessible 24h/24. Standard ouvert de 9h à 21h30 (20h le w-e).

Il s'agit là d'un prestataire qui vous assure les meilleurs tarifs de location aux conditions les plus avantageuses auprès des grands loueurs de véhicules dans les gares, aéroports et les centres-villes du monde entier. Le kilométrage illimité et les assurances sont souvent compris dans le prix. Avec BSP Auto, vous pouvez réserver dès maintenant et payer seulement cinq jours avant la prise de votre véhicule. Autre bonus du courtier BSP : pas de frais de dossier ni d'annulation (jusqu'à la veille). La moins chère des options zéro franchise.

STATIONNER EN VILLE

Cela ne vous aura pas échappé : à Marrakech, dès que l'on se gare quelque part, que ce soit dans la rue ou dans un parking, un gardien accourt pour vous aider, ce qui n'est pas déplaisant en soi. Mais force est de constater que nombre d'entre eux rendent parfois la vie des usagers difficile en exigeant des tarifs exorbitants. Qu'à cela ne tienne ! Pour contrer ce racket et répondre au ras-le-bol des automobilistes excédés, la préfecture a (enfin) mis en place une réglementation en matière de stationnement, instaurant une grille tarifaire officielle qui va de 1 à 3 DH en fonction des horaires. On peut désormais dire adieu aux arnaques et prendre la direction des parkings sans souci.

NAJM CAR

Résidence Jakar, magasin n° 9
Angle de l'avenue Mohamed-V et rue Mohamed El Baqal, Guéliz
Maroc
✆ +212 5 24 43 79 09
www.najmcar.com
reservation@najmcar.com
À partir de 19 €/jour.
Ici vous pourrez louer toutes catégories de voiture de la Hyundai en passant par le monospace. M. Najm s'adaptera à votre demande en vous fournissant des devis en fonction de votre budget. Si votre location dépasse six jours, Najm Car assure gratuitement la livraison ou le rapatriement de la voiture dans un rayon de 300 km de Marrakech.

VÉLO

De plus en plus d'habitants et de visiteurs choisissent l'option verte et pratique du vélo pour se déplacer. Néanmoins, vu la circulation chaotique, il faut faire preuve de beaucoup d'attention et de vigilance. La Palmeraie fait néanmoins exception ; la circulation y est réduite et découvrir l'endroit à deux-roues peut être agréable.

MARRAKECH BIKE ACTION

Magasin 13
44 rue Tarik Ben Ziad
Derrière le Carré Eden.
✆ +212 6 61 24 01 45
www.marrakechbikeaction.com
info@marrakechbikeaction.com
City bike tour, durée 2h30 à partir de 250 DH. E-bike tour dans l'Atlas de 4h30, à partir de 1 000 DH.
Depuis son local, dissimulé dans une cour intérieure de Guéliz, à côté de l'hôtel Toulousain et du Café du livre, Pierre-Alain Renfer propose trois types de circuits : la découverte de la médina et de Guéliz durant 2h30, des sorties d'une journée ou de plusieurs jours, hors de la ville et des sentiers battus, avec repas et nuit chez l'habitant et, depuis trois ans, des circuits vélos à assistance électrique.

MOTO / SCOOTER

Si vous n'êtes pas un peu téméraire sur la route, on ne saurait vous conseiller le deux-roues motorisé à Marrakech. Le concept de respect du Code de la route semble plutôt étranger à la majorité des conducteurs marocains. Observez la circulation sur un rond-point pendant quelques minutes et vous aurez une idée de ce que nous avançons. Si toutefois vous avez l'esprit aventureux, voici de quoi trouver votre bonheur.

LOC 2 ROUES

Galerie Elite
1er étage
212, avenue Mohammed-V
Guéliz
✆ +212 5 24 43 02 94
www.loc2roues.com
Ouvert tous les jours de 9h à 20h. Scooter 1er prix à partir de 180 DH la demi-journée et 1 400 DH la semaine. Moto Honda 1er prix 500 DH la journée, 2 800 DH la semaine.
Cette agence a confirmé son professionnalisme depuis des années. Une quarantaine de véhicules récents, homologués aux normes européennes : scooters et moto-trails (mi-route mi-piste) de la 125 à la 660 cm^3.

SE LOGER

De l'hôtel simple au riad grand luxe en passant par une location, Marrakech offre pléthore de solutions pour passer un séjour plus que satisfaisant avec le plus souvent des tarifs attrayants et acceptables.
En optant pour la médina, vous serez au cœur de la ville, jamais loin de la névralgique place ni des principaux points d'intérêt. Précisons néanmoins que, comme dans toute ville marocaine, la médina est le quartier populaire, certains s'y sentiront donc moins à l'aise à la tombée de la nuit que dans la partie moderne. Rassurez-vous, on ne craint pas grand-chose dans ce labyrinthe. Si vous prévoyez des sorties nocturnes, les riads et hôtels travaillent avec des taxis qui pourront vous conduire au cœur de la médina. Vous pouvez aussi passer par la compagnie Taxi vert qui pratique des tarifs fixes avec une légère majoration de 10 DH la journée et de 20 DH la nuit. L'avantage de Taxi vert, c'est que l'on vient vous chercher à votre adresse et les courses sont suivies et sécurisées (contact au +212 5 24 40 94 94).
Avec le développement exponentiel des riads ces dernières années à Marrakech, il convient également de prendre garde aux « riads arnaques », aux propriétaires pas toujours scrupuleux, faisant payer très cher pour des services médiocres. Pour les petits budgets, les locations de style airbnb peuvent être une bonne option, d'autant qu'elles sont possibles pour une ou deux nuits. Enfin, si vous optez pour un établissement dans la Palmeraie ou au-delà, comme sur la route de l'Ourika, il vous sera indispensable de louer un véhicule ou de prévoir un gros budget transport.

LOCATIONS TOUS QUARTIERS

MARRAKECH CONNEXION

Immeuble Andalous
2B, place d'Armes, rue Drâa
Guéliz
✆ +212 5 24 44 80 10
www.marrakech-connexion.com
contact@marrakech-connexion.com
Tarif de la location journalière en fonction du bien. Se renseigner sur le site Internet ou par téléphone.
Une bonne agence pour les locations d'appartements et de villas meublées.

MARRAKECH RIADS

Riad Laarous, 11 derb Todhra
✆ +212 5 24 42 64 63
www.marrakech-riads.com
reservation@marrakech-riads.com
Location de riads en exclusivité.
Abellatif Aït Ben Abdallah vous propose d'anciennes demeures au cœur de la médina, toutes restaurées avec goût. Chaque riad est différent et allie élégance et raffinement. L'occasion de découvrir l'art de vivre à la marocaine.

Riad & Spa Al Jazira.

PLACE JEMAÂ EL-FNA ET QUARTIER DES PALAIS

DAR ANIKA

112 Riad Zitoun Kedim
✆ +212 524 391 751
www.riaddaranika.com
daranika@gmail.com
Environ 200 € la nuitée. A vérifier selon la période.
Avec une situation géographique on ne peut plus idéale, du côté de la place des Ferblantiers et juste à l'entrée de la rue Zitoun qui mène sur la grand place, Dar Anika est un petit bijou d'une douzaine de chambres. A peine franchi le seuil, il en émane une atmosphère de paix et de sérénité, que viennent compléter les gestes et attentions charmants du personnel. La terrasse incite à l'observation discrète et au repos et nous plonge en plein cœur de la ville ocre.

HÔTEL DU TRÉSOR

riad Zitoun Lakdim
✆ +212 5 24 37 51 13
hoteldutresor@gmail.com
Chambres à partir de 40 €, petit déjeuner et wifi inclus. Piscine chauffée, terrasse avec vue, et salon TV.

HÔTEL WISSAM

51 rue Kennaria
✆ +212 5 24 39 08 21
hotelwissam@gmail.com
Chambre simple à partir de 330 DH et double à partir de 385 DH. Petit déjeuner en supplément.
À deux pas de la place Jemaâ El Fna cet hôtel est une très bonne adresse pour les voyageurs à petit budget. Ouvert depuis 2013 il dispose d'une vingtaine de chambres simples et propres agencées autour d'un grand patio lumineux. Un accueil sympathique et chaleureux vous est réservé.

LES JARDINS DE LA KOUTOUBIA

26 rue de la Koutoubia
✆ +212 5 24 38 88 00
www.lesjardinsdelakoutoubia.com
commercial@jardinskoutoubia.com
Chambre à partir de 185 €, suite à partir de 260 €. Tarifs différents selon la saison.

En lieu et place du prestigieux Riad Ouarzazi, datant du XIIIe siècle, cet hôtel, vous offre ses fastes et ses lumières. Les chambres et suites sont équipées de téléphone avec ligne directe, TV satellite, minibar, sèche-cheveux et coffre-fort. L'établissement dispose aussi d'une grande piscine entourée de transats et d'un superbe Spa regroupant un centre de fitness, cinq hammams, un bain à remous en terrasse, une piscine intérieure, des salles de massages et une salle de balnéothérapie.

LES JARDINS DE LA MÉDINA

21, derb Chtouka, Kasbah
✆ +212 5 24 38 18 51
www.lesjardinsdelamedina.com
info@lesjardinsdelamedina.com
Porte la plus proche : Bab Ksiba.
Chambre double à partir de 1 500 DH selon la saison, petit déjeuner compris.

Voilà un hôtel dont la réputation n'est plus à faire. Les chambres sont disposées autour d'un immense jardin paradisiaque : entre palmiers, jacarandas et orangers se nichent de petits espaces de détente où, à part le bruit des oiseaux, rien ne devrait troubler votre quiétude. Très bonne table, piscine lovée dans le jardin, hammam, espace bien-être. Un endroit certes luxueux mais sans prétention, plein de charme et de surprises et qui a obtenu le label Clé verte depuis 2016. Assurément l'une des meilleures adresses de Marrakech.

LES JARDINS D'HÉNIA

34 derb M'Nabha, Kasbah
✆ +212 5 24 37 69 69
www.lesjardinsdhenia.com
lesjardinsdhenia@yahoo.fr
A 15 minutes à pied de la place Jemâa el-Fna. Au fond d'un derb perpendiculaire à la rue de la Kasbah.
5 chambres et 2 suites entre 70 et 100 €, petit déjeuner compris. wi-fi gratuit.

Ce riad figure dans le palmarès de nos adresses fétiches. Niché dans le quartier de la Kasbah, à deux pas des Tombeaux Saadiens, ce petit havre de paix conjugue un excellent rapport qualité-prix, une décoration soignée et un accueil remarquable. En bref, vous vous sentirez vite comme à la maison !

LE MAKASSAR

20 derb Chtouka, Kasbah
✆ +212 5 24 39 19 26
www.villamakassar.com
villamakassar@gmail.com
Chambres et suites à partir de 150 €/nuit. Piscine, spa et restaurant, bain à remous sur la terrasse.

La villa Makassar est un hôtel de luxe qui ouvre son restaurant au public, l'occasion de découvrir la gastronomie marocaine dans un cadre de rêve. Le propriétaire, passionné des années 1920 et collectionneur, entremêle avec goût l'Art déco avec le style oriental. Côté cuisine, la carte met à l'honneur les saveurs du Maroc revisitées : tajine de poulet fermier aux abricots, spaghettis à l'araignée ou encore tajine de lotte à la charmoula. On ne résiste pas au mélange des genres, pour le plaisir de nos papilles !

© TOM PEPEIRA – ICONOTEC

Hôtel la Mamounia.

LA MAMOUNIA

Avenue Bab Jdid
✆ +212 5 24 38 86 00
www.mamounia.com
informations@mamounia.com
Chambres à partir de 600 € la nuit.
Les habitués de ce légendaire palace, sacré « Meilleur hôtel du monde » en 2018, évoquent souvent un avant et après rénovation de la Mamounia. Joyau de l'architecture hispano-mauresque, le palace demeure toujours aussi magique et envoûtant. Il a conservé son service irréprochable et son incroyable parc de 8 ha qui invite à la promenade bucolique. Le palace marocain qui voit défiler les célébrités et les artistes de renom n'a pas fini de faire rêver les voyageurs du monde entier.

RIAD AKKA

Riad Zitoun Jdid
65, derb Lahbib Magni
✆ +212 5 24 37 57 67
www.riad-akka-marrakech.com
info@riad-akka-marrakech.com
Chambre double à partir de 120 € avec petit déjeuner. Repas à partir de 150 DH.

RIAD DE TARABEL

8 Derb Sraghna, Dar El Bacha,
✆ +212524391706
✆ +212 6 61 989 782
https://tarabelmarrakech.com/
A partir de 230 € la chambre avec petit déjeuner et transfert aller / retour aéroport inclut. 510 € la suite. Piscine et spa et restaurant à votre disposition.
Propriété d'exception nichée au cœur d'un des quartiers les plus prisées de la médina. Nous sommes ici dans une demeure ancienne de style colonial ou chaque patio, chaque porte franchit nous offre des univers hors du temps. Indéniablement, un lieu pensé par des épicuriens qui offre une merveilleuse échappé pour nos sens. Calme, discrétion, beauté semble s'accorder parfaitement dans cette demeure à l'architecture arabo- Andalouse. Voici une adresse hors du commun que l'on vous invite à découvrir.

RIAD DAR ONE

Près de la place des Ferblantiers
19 Derb Jamaa El Kabir – Hay Salam ✆ +212 6 00 02 13 81
www.riad-dar-one.com

Chambre double à partir de 70 €, petit déjeuner inclus. Transfert à l'aéroport offert à partir de trois nuits.
Voilà une maison raffinée où l'on se sent bien. Dar One est idéalement situé dans le quartier du Mellah juste à côté du Palais de la Bahia. Par temps de froid, vous pourrez profiter du salon et de la cheminée, par temps de chaleur la grande terrasse ombragée. Un apéritif est organisé chaque soir ; des ateliers de cuisine et des massages sont proposés.

RIAD DAVIA

Medina, 43 Derb Aarab Bab Aylen
✆ +212 660 292 122
www.riad-davia.com
pure.marrakech@gmail.com
Chambre de 60 € à 110 € selon la saison (petit déjeuner inclus). Promotions automne-hiver hors fêtes.
Entre moderne et traditionnel, un riad élégant qui offre calme et repos. Certaines chambres s'ouvrent sur le patio lumineux. Toutes les suites sont dotées d'une grande baignoire en tadelakt. L'une d'elles au premier étage est un petit nid d'amour, n'hésitez pas à demander si elle est disponible ! L'élégance et la simplicité sont au rendez-vous.

RIAD LE CLOS DES ARTS

50 Riad Zitoune Jdid
Derb Tbib
✆ +212 6 61 72 70 93
contact@leclosdesarts.com
Chambres à partir de 140 € la double. Petit déjeuner inclus.
Un riad réputé pour l'accueil chaleureux que vous réserve le couple de propriétaires Giorgina et Massimo, qui vivent en Afrique depuis plusieurs années. Ils ont d'ailleurs réussi à faire de ce riad l'une des références de Marrakech. Le Clos des Arts s'est agrandi et se compose aujourd'hui de deux patios communiquant via un joli salon, au rez-de-chaussée. Chaque chambre propose une décoration soignée. Piscine sur le toit et attention particulière pour chaque visiteur. L'établissement possède désormais un hammam chauffé à l'énergie solaire et une salle de massage.

Riad le Clos des Arts.

RIAD LE RIHANI

52 Derb El Arsa
Quartier Kenaria
✆ +212 5 24 38 37 66
www.riad-rihani.com
info@riad-rihani.com
A partir de 90 € la nuit, en fonction de la chambre et de la saison, petit déjeuner inclus.
Voici une bonne adresse à 3 minutes à pied de la place. L'établissement se caractérise notamment par un patio avec un très grand bassin où l'on peut même nager ! Les 8 chambres et suites sont toutes décorées de manière unique. Vous pouvez bénéficier d'un transfert depuis l'aéroport avec une formule accueil au choix. Esthéticiennes et masseuses présentes toute la journée dans le spa. Service de restauration sur place.

RIAD MASSIBA

38, rue Douar Graoua
✆ +212 6 65 47 55 06
www.riadmassiba-marrakech.net
booking@riadmassiba-marrakech.net

Piscine du Patio, Le Rihani.

A 5 minutes de la place Jemaâ el-Fna.
Chambres de 50 à 85 € selon saison. Petit déjeuner inclus. Transfert aéroport gratuit pour toute réservation en direct.
Ce petit riad intimiste, à 5 minutes de la place Jemâa el Fna, ne compte que 4 chambres, il a pourtant un grand cœur : son immense patio rempli de plantes vertes ! En séjour au Massiba, vous ferez la réelle expérience de la maison d'hôte, puisque la propriétaire vit sur place. Chambres agréablement décorées et teintes pastel reposantes. Petit déjeuner copieux. Bon rapport qualité-prix.

RIAD MONCEAU

63, derb Jamaa- Riad Zitoun Lakdim
✆ +212 5 24 42 96 46
www.riad-monceau.com
courrier@riad-monceau.com
A 100 m de la place Jemaâ el-Fna.
A partir de 1 600 DH la chambre standard et à partir de 3 000 DH la suite junior. Menu à partir de 350 DH.
Ce riad vous garantit un séjour des plus romantiques. Une fois la lourde porte en bois franchie, un joli patio arboré de palmiers autour du bassin-piscine vous accueille. Le dîner se prend au rez-de-chaussée dans une salle de restaurant intelligemment disposée, à l'intérieur ou à l'extérieur, avec bougies et pétales de roses sur la table. La terrasse superbement aménagée en rotin et fer forgé dispose d'un solarium surplombant les toits marrakchis. A La Pergola, le restaurant du rooftop propose une cuisine marocaine décalée, des cocktails signature à déguster lors des soirées jazz. Faut-il ajouter à tous ces avantages une situation d'exception, un

La Sultana.

remarquable restaurant et une décoration à faire frémir n'importe quelle princesse ?

RIAD TAWARGIT

68 derb Jdid, douar Graoua
✆ +212 5 24 37 80 78
www.riadtawargit.com
riad.tawargit@gmail.com
Chambre double à partir de 89 €, suite double à partir de 115 € et tente caïdale à partir de 125 €.
Ce joli riad, situé à 5 minutes de la place Jemaâ el-Fna et niché dans les ruelles pittoresques de la médina, se démarque par son élégance et son style épuré. Le patio aux teintes claires dispose d'un bain bouillonnant, il jouxte une charmante alcôve qui fait office de bibliothèque, l'endroit idéal pour faire une pause et profiter d'un moment de détente. A l'étage, les chambres sont soigneusement décorées, les murs en tadelakt apportent une touche chaleureuse, chaque chambre est différente et révèle un charme particulier. Les familles s'installeront au sein des suites familiales spacieuses, lumineuses et très bien agencées. Au niveau de la terrasse, les deux grandes suites offrent une vue imprenable sur la médina et la Koutoubia, et l'accès de plain-pied à l'extérieur est appréciable.

LA SULTANA

403, rue de la Kasbah
✆ +212 5 24 38 80 08
www.lasultanahotels.com
reservation@lasultanahotels.com
Juste après les tombeaux saadiens, en retrait de la rue.
A partir de 3 900 DH, prix variable selon la saison.
Ensemble de 5 riads, la Sultana propose des chambres et suites agrémentées d'œuvres d'art, de meubles anciens, de plafonds peints ou sculptés et de bois précieux. Ajoutez-y des salles de bains en marbre ou zellige et vous plongerez tout droit dans un conte des *Mille et Une Nuits* ! L'établissement dispose aussi d'une piscine chauffée, d'un spa avec hammam et de terrasses aménagées en solarium et un superbe panorama sur les sommets enneigés de l'Atlas. Un établissement qui mérite bien ses 5 étoiles.

VILLA DES ORANGERS
Place Ben Tachfine
6 rue Sidi Mimoune
✆ +212 5 24 38 46 38
www.villadesorangers.com
message@villadesorangers.com
Chambres à partir de 4600 DH.
L'hôtel Relais & Château la Villa des Orangers comporte 27 chambres, dont pas moins de 21 suites, dans un cadre fastueux et élégant. La demeure plus que cossue était autrefois celle d'un juge marocain. Les nombreux stucs datent des années 1930, lorsque fut érigée la bâtisse. Plusieurs suites (dont l'une en duplex) et chambres bénéficient d'un accès à leur propre terrasse privée. Globalement, la Villa des Orangers cherche le chic et l'élégance dans la sobriété des teintes et des lignes. L'hôtel est idéalement situé à quelques pas de la Koutoubia et du palais royal, à l'extérieur de la médina.

ZWIN ZWIN BOUTIQUE HÔTEL ET SPA
10 rue El Moustachfa
✆ +212 5 24 38 07 07
www.zwinzwinhotelmarrakech.com
contact@zwinzwinhotelmarrakech.com
Entre 80 € et 125 € la chambre selon la saison. Ouverture du Zwin Zwin Café de 7h à 23h. Petit déjeuner 50 DH, plat 90 DH environ.
Attention au changement d'adresse : la maison déjà fort réputée, est sise désormais à quelques mètres à peine de la grand place. Au total, pas moins de quatorze chambres dont une pour les personnes à mobilité réduite, une boutique, une piscine, un Spa et une terrasse toute de bleue vêtue où se niche le Zwin Zwin Café. Une carte originale et séduisante propose une cuisine moderne et créative où tout est pensé dans ses moindres détails.

LES SOUKS

EQUITY POINT HOSTEL
80 derb El Hammam
Quartier Mouassine
✆ +212 5 24 44 07 93
www.equity-point.com
infomarrakech@equity-point.com
Dortoir à partir de 13 € par personne. Chambre double à partir de 65 €. Petit déjeuner compris.
Grande maison à l'architecture innovante rachetée par une société espagnole, ce grand riad a été transformé en une sorte d'auberge de jeunesse au confort intéressant. Des dortoirs de quatre à six lits vous seront proposés. Du toit terrasse on a une très belle vue et on peut y siroter un verre. Il y a même une piscine (d'avril à octobre) et l'accès Internet est gratuit. Une excellente adresse !

LA FERME
236, Riad Laarrous
✆ +212 6 33 84 43 88
www.lafermemedina.com
laferme.med@gmail.com
La Ferme est l'adresse à découvrir au cœur de la médina. En plus de son restaurant bio, l'établissement se compose de 5 chambres spacieuses et suites tout confort. Le mobilier en bois et la literie d'un blanc éclatant caractérisent le style *beldi* de la maison, rustique, bohème et chaleureux. Certaines disposent d'une terrasse de plain-pied, idéal pour déjeuner et profiter d'un bain de soleil.

MAISON DU TRÉSOR

26, derb el-Gandafi
✆ +212 5 24 42 77 73
www.maisondutresor.net
maisondutresor@gmail.com
A côté du restaurant Ksar el Hamra.
Chambres à partir de 38 € et suites de 75 €. Voici la version haut de gamme de l'hôtel du Trésor (situé à Jemaâ el-Fna). On reconnaît la touche Art déco du propriétaire, ancien scénographe et décorateur de cinéma. La Maison du Trésor adopte avec élégance un style qui passe naturellement du baroque au rétro. Les suites ont chacune un cachet différent et sont toutes aussi agréables les unes que les autres. Gros coup de cœur pour la grande suite, elle offre de grands espaces, un décor majestueux qui donne l'impression de retrouver son enfance et ses rêves de princesse ou de prince.

PRISCILLA QUEEN OF THE MEDINA

27, derb el-Ferrane – Azbezt
✆ +212 6 21 51 49 05
www.queen-of-the-medina.com
Dortoirs : 70-150 DH, petite chambre double 180-250 DH, grande chambre double 200-350 DH.
Priscillia Queen of the Médina, une auberge pas comme les autres qui fera le bonheur des artistes et curieux intéressés par la création artistique, la rencontre et l'échange. En plein cœur de la médina, cette maison propose deux grandes chambres, mais aussi un dortoir. La philosophie de Priscillia reposant sur l'art et le partage, vous disposez donc de plusieurs espaces, scène en plein air et un studio pour créer.

RIAD CAMILIA

Kaat Benahid, 9 derb El Ouali
✆ +212 5 24 44 30 81
www.riadcamilia.com
contact@riadcamilia.com
Chambres doubles à partir de 170 €. Equipées de machine à expresso.
A proximité de la Médersa Ben Youssef, avec son équipe toute dévouée, Nicolas assure un accueil personnalisé dans ce riad cossu et chic aux chambres spacieuses dont la plus grande mesure 80 m². Senteurs de fleur d'oranger dans le patio, piscine, spa, salons chaleureux, bassins et vastes terrasses permettent de se sentir vite à l'aise dans cette luxueuse demeure traditionnelle transformée avec goût par sa propriétaire.

Riad Camilia.

RIAD BERBÈRE

23, derb Sidi Ahmed Ben Nasser
Quartier Kaat Ben Nahid
✆ + 212 5 24 38 19 10
www.leriadberbere.com
info@riadberbere.com
5 chambres et 1 suite de à partir de 85 €, petit déjeuner compris.

RIAD BIBTIA

Derb El Hammam
58 Mouassine
✆ +212 5 24 44 37 82
www.riadbibtia.com
riadbibtiamaroc@gmail.com
6 chambres climatisées de 40 à 75 € en basse saison, de 80 à 100 € en haute saison. Demi-pension ou repas sur commande 15 €, hors boisson. Transfert aéroport possible et excursions sur demande. wi-fi. Location du riad en exclusivité, entre 360 et 500 €, selon la saison.
La restauration de cet ancien riad a été faite dans le respect de la tradition marocaine. Les 6 chambres ont été refaites à neuf et décorées avec goût et simplicité. A la nuit tombée, vous goûterez l'air frais sur la terrasse en profitant de la vue magnifique sur la Koutoubia. L'équipe vous donnera les bons plans pour tout connaître sur Marrakech et ses environs. Une ambiance chaleureuse et familiale où l'on ne se prend pas la tête.

RIAD DANKA

Rahba Lakdima
141 Derb Arjane
✆ +212 5 24 44 04 04
www.riaddanka.com
À partir de 110 € la chambre double.
Le riad Danka est une adresse raffinée et élégante au nord de la médina et à deux pas de la place des Epices, idéale pour profiter des édifices historiques de la vieille ville. Une déco de professionnels avec une attention portée à chaque détail, fruit des compétences des Bordelais Carl et Lilian, six belles chambres spacieuses, une cabine de massage et hammam pour se détendre, un grand patio lumineux doté d'une piscine chauffée : voilà ce que l'expérience vous réserve. Accueil tout en simplicité avec le plaisir de recevoir.

Riad Danka.

RIAD EL FENN

2, derb Moulay Abdallah Ben Hezzian, Bab El-Ksour
✆ +212 5 24 44 12 20
http://el-fenn.com
contact@el-fenn.com
Les suites vont de 200 € à 1000 €. Tarifs selon période et disponibilité à consulter sur le site.
Cette ancienne maison a été restaurée et décorée dans la pure tradition des artisans marocains. Le riad dispose de 7 suites, toutes différentes, et de deux autres chambres avec un accès direct sur la piscine. Vous trouverez de quoi vous détendre : hammam, salles de massage, bibliothèque.

RIAD KARMELA

10, derb el Ferrane, Quartier Azbezt
✆ +212 5 24 38 79 37
www.riadkarmela.com
info@riadkarmela.com
Non loin de la place Ben Salah.
Chambres et suites de 70 € à 150 € en basse saison. Ce riad respire la tranquillité, et sa luminosité contraste avec l'obscurité de certaines venelles de la médina. Vous entrez ici dans un petit havre de paix, superbement restauré et aménagé avec beaucoup de goût. Son bassin, son patio et ses nombreuses chambres rendent l'endroit intimiste, charmant, le tout dans un style très raffiné ! Une excellente adresse !

RIAD MARIANA

Arset el-Houta, 13 derb el-Boumba
✆ +212 5 24 38 73 37
www.riadmariana.com
contact@riadmariana.com
Chambres et suites à partir de 75 €. Hammam traditionnel et soins.
Ce joli riad datant du XIXème siecle situé à deux pas de la place Jamaâ El Fna est une petite perle. Le patio lumineux est habillé d'un bassin rafraîchissant, cet espace de détente contraste agréablement avec l'agitation de la médina. Le style des chambres allie parfaitement tradition et modernité, elles sont spacieuses et confortables et dispose d'un salon et de sa cheminé mais aussi de la climatisation et de wifi. La terrasse quant à elle est l'endroit idéal pour déjeuner et profiter de la vue sur l'Atlas.

Riad Yasmine.

RIAD YASMINE****

Bab Taghzout
209, rue Ank Jemel
✆ +212 5 24 37 70 12
www.riad-yasmine.com
leriadyasmine@gmail.com
Chambres et suites de 95 € à 150 €. Réservation pour deux nuits minimum.
On reconnaîtra sa piscine devenue emblématique sur les réseaux et hautement instagrammée. Fort de son succès, il affiche souvent complet alors il faut s'y prendre longtemps à l'avance pour avoir la chance de passer la nuit dans ce petit bijou.

RIAD MESC EL LIL

88 derb Snane
Quartier Mouassine
✆ +212 5 24 44 06 20
Porte la plus proche : Bab Laksour.
Chambres à partir de 85 €, selon la saison. Petit déjeuner et transfert aéroport compris.
Ce riad du XVIIIe siècle a un charme fou ! Voici l'une des rares maisons d'hôtes à avoir conservé son architecture d'origine, un rez-de-chaussée sans étage et un patio de 200 m². A la fois sobre et raffiné, il s'ouvre sur un grand patio avec fontaine, arboré de mandariniers et d'orangers. Excellent accueil de Patricia qui sera aux petits soins pour que vous passiez un séjour parfait.

BAB DOUKKALA

72 RIAD LIVING

Bab Doukkala
72 Arset Awzel
✆ +212 5 24 38 76 20
www.riadliving.com
72@riadliving.com
Chambre classique à partir de 157 €.
Un petit tour improvisé en Italie grâce à Stefania et Giovanna qui sont les maîtresses de maison de ce riad enchanteur. Ou plutôt de ce palais, car cette maison d'hôtes a été conçue entre les murs d'un ancien palais datant des années 20 appartenant à un ami du célèbre pacha El Glaoui. On est aussitôt impressionné par les dimensions hors du commun des lieux. Pas moins de 13 chambres allient architecture marocaine à une touche italienne, donnant un résultat audacieux, mais élégant. Ou comment vivre la *dolce vita* à Marrakech.

DAR TOUYIR

Bab Doukkala
132, Derb Dekkak
✆ +212 5 24 38 73 52
www.dar-touyir.com
dar.touyir@gmail.com
Chambre double à 70 € par nuit, petit déjeuner compris ; 19 € par nuit pour un couchage supplémentaire.
Cette maison d'hôte se compose de deux petites maisons mitoyennes restaurées avec soin par l'architecte belge Quentin Wilbaux. Sobriété et élégance sont à l'honneur. Le patio abrite un agréable salon-bibliothèque et une jolie fontaine, un espace qui invite à la détente. L'accueil est soigné. La maison propose aussi des repas « beldi » sur commande.

LA MAISON ARABE

1, derb Assehbe
✆ +212 5 24 38 70 10
www.lamaisonarabe.com
reservation@lamaisonarabe.com
Chambres à partir de 2 000 DH en basse saison et de 2 500 DH en haute saison.
Difficile de trouver plus somptueux que la Maison Arabe. Les chambres et suites sont d'une qualité rarement surpassée. Toutes sont équipées d'un mini bar, du wifi, de la climatisation et d'une salle de bains merveilleuse. Mais vous serez surtout conquis par la décoration qui déploie tout son faste à l'orientale et se mâtine d'une touche coloniale. Un dédale de couloirs richement décorés vous mènera au charmant petit patio, aux différentes salles de restaurants, à la bibliothèque, à la terrasse-restaurant en bord de piscine, au magnifique spa. Ajoutez à cela un personnel aux petits soins, des cours de cuisine particulièrement

bien organisés, un accès gratuit au country-club, et vous aurez une excellente adresse pour vivre, le temps de quelques nuits, une vie de prince. sse arabe.

RIAD ALTAIR

21 Derb Zaouia
www.riadaltair.com
riadaltair@gmail.com
Environ 1 000 DH la nuit, tarifs à consulter.
Autrefois résidence privée joliment transformée pour accueillir des hôtes, le riad Altaïr promet une expérience dépaysante et authentique avec une équipe rodée aux petits soins. L'établissement situé près de Bab Doukkala compte six chambres avec chacune sa propre personnalité et une terrasse pour apprécier la vue panoramique à 360° sur les toits de la médina.

RIAD HARAKA

49, derb El Karma –
Derb Sidi Ahmed Soussi
Derrière le restaurant Yacout
✆ +212 5 24 38 53 18
riadharakamarrakech.com
riadharaka@gmail.com
Chambres autour de 80 €.
Les membres de l'équipe du Riad Haraka vous accueillent chaleureusement et sont aux petits soins. Le vaste patio de l'entrée dispose d'un bassin et de salons à la marocaine. La déco sobre et élégante met en valeur l'artisanat marocain : portes en bois sculpté, lustres et appliques en fer forgé… Les chambres disposent de tout le confort et profitent d'une luminosité agréable, ce qui n'est pas toujours le cas au sein des riads. La grande terrasse arborée

© 72 LIVING

72 Riad Living.

est l'endroit idéal pour parfaire son bronzage ou encore prendre son petit-déjeuner. On peut aussi faire un hammam et recevoir un massage. N'hésitez pas à commander un repas traditionnel. Très bon rapport qualité-prix.

RIAD BE

Derb Sidi Lahcen O Ali
✆ +212 6 25 50 30 67
www.be-marrakech.com
beincontact@be-marrakech.com
À partir de 1 000 DH la chambre double.
Une très belle adresse qui à du cachet : zelliges, vitraux et mobilier typiquement marocain. Le petit plus, une touche *vintage* de très bon goût. Les 5 chambres sont *cosy* avec tapis, poufs et lanternes. Une ambiance raffinée pour cet établissement qui a déjà sa clientèle de fidèles habitués.

LA TERRASSE DES OLIVIERS

79 derb Derdouba
✆ +212 5 24 38 72 48
www.terrasse-des-oliviers.com
contact@terrasse-des-oliviers.com
A 200 m de Bab Doukkala.
Chambres et suites à partir de 60 €. Petit déjeuner compris. Dîner à partir de 20 €.
Notre coup de cœur à Bab Doukkala ! Avec son superbe patio arboré, son bassin d'agrément en mosaïque et sa terrasse aménagée, ce lieu respire la tranquillité. D'ailleurs, les noms des chambres sont déjà une invitation à la détente : ici, on séjourne en effet dans la suite de la Paix, du Bien-Être, du Repos, etc. Cerise sur le gâteau, l'accès se révèle aisé et il y a un parking gardé à proximité.

VILLE NOUVELLE

BAB HÔTEL

Guéliz
A l'angle des boulevard Mansour Eddhabi et rue Mohammed El Beqqal.
✆ +212 5 24 43 52 50
www.babhotelmarrakech.ma
reservation@babhotelmarrakech.ma
Autour de 90 € la chambre standard, prix variable selon la période.
Le centre-ville recèle bien des trésors cachés. Pour preuve ce boutique-hôtel contemporain qui vient d'offrir un lifting à ses 45 chambres. On y va pour sa terrasse intérieure où l'on s'attable dans une ambiance super cosy, et pour sa boutique Bab Store et ses pièces quasi uniques signées par des créateurs marocains. Mais c'est surtout le Sky Bab qui fait parler de lui. On s'installe sur des chaises et des bancs revêtus de kilims colorés, on relâche toute pression et on laisse la magie opérer, à la hauteur de vos attentes.

DAR RHIZLANE

Avenue Jnane El Harti
Hivernage
✆ +212 5 24 42 13 03
www.dar-rhizlane.com
contact@darrhizlane.ma
20 chambres et suites à partir de 200 € suivant la saison. Spa et piscine.
Dar Rhizlane n'est pas un hôtel ni un riad, c'est un subtil mélange des deux où le luxe et l'intimité font bon ménage. Vous vivrez des moments particulièrement sereins dans cette superbe bâtisse bourgeoise aussi colorée que parfumée par les bougainvilliers. A la nuit tombée, c'est un autre portrait qui se dessine, le décor est tout simplement féerique !

DELLAROSA HOTEL & SUITES

5, avenue Moulay El Hassan
Hivernage
✆ +212 5 24 42 22 27
www.dellarosa-marrakech.com
info@dellarosa-marrakech.com
77 chambres et suites à partir de 63 €, petit déjeuner compris. Promotions très attractives sur le site Internet.
Bien situé, doté d'un service irréprochable et d'une décoration contemporaine de goût, le Dellarosa est l'une des bonnes adresses de l'Hivernage. Les chambres sont aussi réussies que les parties communes. Les matériaux sont nobles, l'ambiance est cosy et, avec réductions, le rapport qualité-prix est très bon. Toutes les suites sont dotées d'une cuisine. Le restaurant propose de la gastronomie marocaine

et internationale et s'avère excellent. Jacuzzi, hammam et salle de sport, avec un coach à disposition. Soins au Spa & fitness à partir de 100 DH. Concierge, wi-fi gratuit, lounge bar, piscine, solarium, salon de coiffure, billard.

RADISSON BLU HOTEL

166-176 avenue Mohammed V
✆ +212 5 25 07 70 00
reservation.marrakech@radisson-blu.com
Situé en plein Carré Eden.
Chambre standard à partir de 1 900 DH avec petit déjeuner.
Situé au Carré Éden, le Radisson offre une prestation haut de gamme. Les chambres et suites de luxe avec tout le confort sont toutes climatisées et disposent d'un balcon et d'une terrasse. Salle de sport, piscine extérieure et spa à la pointe de la technologie, mais aussi service de bagages, club pour enfant et concept-store. Le restaurant propose une carte internationale avec une très belle sélection de vins. Des soirées sont souvent organisées au sein du Radisson.

RIAD WOW

9 Jbel Lakhdar R'Mila
✆ +212 5 24 38 00 79
www.riadwow.com
contact@riadwow.com
12 chambres et suites entre 120 € et 260 € en basse saison. Promotions sur le site Internet.
Voilà un riad qui porte bien son nom : Wow ! On retrouve l'intimité d'un riad, très bien placé entre la ville nouvelle et à 50 mètres de la médina. On est à mi-chemin entre maison d'hôtes et boutique-hôtel avec son service et confort. Les chambres et suites offrent toutes un décor unique. On y retrouve des meubles créés sur mesure ainsi que différentes œuvres d'art qui participent grandement à l'originalité du lieu tendance Art déco. Une nouvelle petite adresse romantique.

SOFITEL MARRAKECH PALAIS IMPÉRIAL

Rue Haroun Errachid
Hivernage
✆ +212 5 24 42 56 00
https://sofitel.accor.com
H3569@sofitel.com
Chambre double à partir de 200 € au Lounge and Spa et à partir de 290 € au Palais impérial.
A Marrakech, deux hôtels Sofitel partagent un site d'exception. A 15 minutes à pied de la place Jemaâ el-Fna, un très bel espace arboré avec palmiers, et bougainvilliers, est agrémenté de deux piscines extérieures (l'une chauffée, l'autre non). Le visiteur pourra se reposer dans un hamac ou un lit à baldaquin dans le jardin et aura le choix entre un séjour au Palais Impérial ou au Lounge and Spa. Le premier hôtel joue la carte de la tradition et de l'hospitalité marocaine. Le second, celle du cocooning, avec une décoration art contemporain zen et un accès direct au spa.

THE PEARL MARRAKECH

À l'angle de l'avenue Echouhada et de la rue du Temple,
Hivernage
✆ +212 5 24 42 42 42
www.thepearlmarrakech.com
reservation@thepearlmarrakech.com
A partir de 230 € environ pour une chambre de luxe et de 300 € pour une suite. Offres promotionnelles sur le site.

En plein cœur de l'Hivernage, The Pearl nous séduit par son architecture originale, avec son grand patio en forme circulaire. Les chambres et suites sont spacieuses et lumineuses et s'habillent d'un mobilier raffiné et design qui met à l'honneur l'artisanat local avec des éclairages minutieusement travaillés par les meilleurs artisans marocains. Cuir, velours et soie sont les matières délicatement choisies pour embellir chacune des suites. Certaines d'entre elles disposent d'un balcon et offrent le spectacle de l'Atlas et de ses sommets enneigés l'hiver.

PALMERAIE ET AU-DELÀ

LE BLED

Douar Coucou – Oasis Hassan II
Route de l'Ourika, km 5
Taseltanet
✆ +212 5 24 38 59 39
www.lebledmarrakech.com
contact@lebledmarrakech.com
A 5 km de Marrakech.

© DOMAINE DES REMPARTS HÔTEL SPA

Domaine des Remparts Hôtel Spa.

4 chambres et 3 suites à partir de 65 €, petit déjeuner compris.

Mohamed Fedal a déjà eu l'occasion de nous démontrer l'étendue de ses talents de cuisinier dans son restaurant Dar Moha à Marrakech. Mais là, il a innové avec Le Bled, cette maison d'hôtes tournée vers la nature et le bio. Nous pourrions comparer cet établissement à une ferme-auberge. Sur un domaine de 3 ha planté d'oliviers, orangers, amandiers, abricotiers et de plus de 3 000 rosiers, Le Bled propose 3 chambres élégantes et 4 mini-suites climatisées de 75 m² avec cheminée et terrasse privative. Les repas sont préparés avec les produits du potager et de la basse-cour. Toute cette matière première est cuisinée avec goût et raffinement, mais pouvait-il en être autrement connaissant Moha ? Et en bonus, il y a même une piscine de 100 m² et un hammam !

DAR ZARRABA

Route de l'Ourika (km 13)
✆ +212 6 68 99 92 35
www.zarraba.com
Au canal, tourner à gauche
et suivre la signalisation.

Chambre double 70 € environ, pavillon 160 € pour 5 personnes. Petit-déjeuner compris.

Face à l'Atlas et au beau milieu d'une oliveraie, Dar Zarraba est un bel exemple d'architecture traditionnelle en terre. Terrasse panoramique et nombreux salons pour la détente. Une piscine vient agrémenter cette maison pour en faire une halte idéale et y séjourner quelque temps avant d'aller découvrir les environs qui ne manquent pas de charme. Michel et son équipe se feront un plaisir de vous conseiller et de vous aider à organiser un séjour sur mesure.

Domaine de Tameslohte.

DOMAINE DES REMPARTS HÔTEL SPA

Km 4, route de Fès
✆ +212 5 24 32 70 60
www.domainedesremparts.com
Suites avec petit déjeuner à partir de 160 €.

Le Domaine des Remparts est une véritable oasis au cœur de la Palmeraie. Lorsque vous quitterez le tumulte de la médina pour vous rendre dans ce palais des *Mille et une Nuits*, vous tomberez sous le charme de cette luxueuse retraite. L'architecture s'inspire des ksars berbères, mêlant respect des traditions et influences contemporaines. Les suites de l'hôtel, élégantes et modernes, sont réparties au bord de l'immense piscine, perdue dans unluxuriant jardin. Quoi de mieux que de se réveiller dans ce paradis terrestre puis de piquer une tête en attendant le petit déjeuner ? Pour les gastronomes, le restaurant propose une cuisine marocaine de très grande qualité. Ne reste plus qu'à vous prélasser au spa. Une expérience unique à seulement 4 km de Marrakech.

DOMAINE DE TAMESLOHTE

km 15 Route d'Amizmiz
✆ +212 6 66 64 45 80
www.domainedetam.com
domainedetam@outlook.com
Chambres à partir de 80 € petit déjeuner inclus.

Calme et tranquillité à 15 minutes de Marrakech. Sur 1,5 ha planté d'arbres fruitiers, d'oliviers et de palmiers, Emmanuelle, qui a pris la succession de ses parents, accueille ses hôtes dans des suites entièrement équipées et des bungalows berbères (non climatisés, mais frais) spacieux et agréables. A disposition, piscine, bain à remous, salle de massage, terrain de pétanque, jeux pour enfants. Nul doute qu'ils apprécieront la présence des ânes, poules et lapins.

KENZI MENARA PALACE*****

Avenue Mohamed VI, Zone Agdal
✆ +212 5 24 45 99 00
www.kenzi-hotels.com
infomenara@kenzi-hotels.com
Prix variables en fonction de la période mais en moyenne à partir d'une centaine d'euros la nuit.

MURANO RESORT

Douar Abiad
✆ +212 5 24 32 70 00
muranomarrakech.com
marrakech@muranoresort.com
24 chambres et suites entre 280 et 330 €, petit déjeuner compris.
Le Murano a retrouvé de sa superbe grâce à un nouveau propriétaire et une équipe dynamique ! Implanté dans un parc de 4 ha, arboré de palmiers et d'essences exotiques, cet établissement vous livre une belle surprise : une immense piscine rouge ! La seconde originalité réside dans les patronymes attribués aux 4 pavillons qui rendent chacun hommage à un grand nom de la musique classique ; les chambres portant, elles, le titre de leurs œuvres emblématiques. Ainsi, vous séjournerez par exemple chez Verdi et dormirez dans la suite *Traviata*, équipée, comme toutes les chambres, d'un accès wifi gratuit, d'un grand écran plasma avec lecteur CD et d'une station iPod.

LA PARENTHÈSE DE MARRAKECH

Lieu-dit Himania
✆ +212 6 71 52 28 01
3 chambres à 120 €, une douaria à 240 €. Petit déjeuner-brunch compris. Espace wi-fi à disposition des hôtes. Menus de 20 à 45 €, sur réservation.
A 15 kilomètres de Marrakech, dans le petit village de Tameshlote, non loin de Lalla Takerkoust, cette maison de 6 chambres offre une parenthèse de tranquillité, le dépaysement est assuré. La maison est construite dans l'art de la tradition berbère : influences marocaines et tribales se côtoient au milieu du désert et au pied des montagnes du Haut Atlas. Valérie vous accueille avec joie et propose des balades en deux-roues.

LE RELAIS DE MARRAKECH

Route de Casablanca, km 3
✆ +212 6 64 71 73 28
www.relaisdemarrakech.com
lerelaisdemarrakech@hotmail.fr
A 10 minutes de la médina.
Egalement : taxi-navette toutes les heures en direction de la vieille ville.
Tentes nomades à partir de 27 €. Kasbah à 39 € ; case africaine à 40 €.
Un havre de paix et de verdure aux portes de la ville rouge à tout petit prix. Savourez le confort et la quiétude des chambres de la kasbah ou des tentes nomades sur le domaine. Vous résiderez en kasbah ou en tente. Gilles et toute son équipe proposent désormais des hébergements de type case africaine familiale avec deux chambres doubles pour une capacité de 4 à 6 personnes.

INDEX

A

1-54 MARRAKECH CONTEMPORARY AFRICAN ART FAIR 30
16 CAFE 97
33 RUE MAJORELLE (LE) 110
68 BAR A VIN (LE) 104
72 RIAD LIVING 150
AIR EUROPA 132
AKBAR DELIGHTS 112
AL FADL 98
ALMA VOYAGES 133
ALNOUR 73
ALSA BUS TOURISTIQUE 28
AMANDINE 100
AMPLITUDES 133
ANDRE LE CHAPELIER 112
ATIKA BOUTIQUE 112
AUBERGE ESPAGNOLE (L') 106
AUTO EUROPE 137
AVENUE MOHAMMED-V 93
AWALN'ART – RENCONTRES ARTISTIQUES INTERNATIONALES DES ARTS DE LA RUE . 31
AYA'S 52
AYASO 101

B

BAB AGHMAT 82
BAB AGNAOU 38
BAB BERRIMA 37
BAB DOUKKALA 82
BAB HOTEL 116
BAB HOTEL 152
BAB TAGHZOUT 83
BABOUCHKA 119
BACHA COFFEE 87
BAINS DE L'ALHAMBRA (LES) 54
BAINS DE MARRAKECH (LES) 54
BAROMETRE (LE) 22, 104
BEAT HOTEL FESTIVAL 30
BEATS BURGER 65
BISTRO ARABE (LE) 50
BISTROT LA BOUCHERIE (LE) 104
BLACKCHICH CAFE 45
BLED (LE) 154
BLOKK (LE) 117
BO & ZIN (LE) 107
BOUTIQUE DU JARDIN MAJORELLE 112
BSP AUTO 137
BUDDHA BAR 105, 119

C

CAFE ARABE (LE) 66, 78
CAFE BAKCHICH 44
CAFE CLOCK 48
CAFE DES EPICES 65
CAFE KESSABINE 46
CAFE KIF KIF 46
CAFE LE BOUGAINVILLIER 66
CAFE MAJORELLE 101
CASA LALLA 48
CAVALIERS DE L'ATLAS (LES) 94
CERCLE DES VACANCES 134
CHABI CHIC 73
CHARIF 98
CIEL D'AFRIQUE 28
COMPLEXE ARTISANAL BOUCHAIB 52
COMPTOIR DARNA (LE) 107
COMPTOIR DES MINES GALERIE 94
CONSEIL REGIONAL DU TOURISME 131
CORNER CAFE 46
COTE BOUGIE 111
COULEURS DE L'ORIENT (LES) 55
COURS DE CUISINE DU RIAD MONCEAU ... 55
CUISINE DE MONA (LA) 101
CYBER PARC ARSAT MOULAY ABDESLAM . 94
CYBER PARC MOULAY ABDELSLAM 38

D

DAR ANIKA 140
DAR CHERIFA 60, 68, 78
DAR EL BACHA – MUSEE DES CONFLUENCES 83

DAR ESSALAM 50
DAR MIMA 68
DAR MIMOUN 48
DAR MOHA 86
DAR RHIZLANE 152
DAR TOUYIR 150
DAR YACOUT 20, 86
DAR ZARRABA 154
DAVID BLOCH GALLERY 93, 95
DELEGATION REGIONALE
DU TOURISME 131
DELLAROSA HOTEL & SUITES 152
DEPOT-VENTE DE SIDI GHANEM (LE) 111
DINO 100
DOMAINE DE TAMESLOHTE 155
DOMAINE DES REMPARTS HOTEL SPA ... 155
DUNES ET DESERT 134

E

EARTH CAFE 48
EASYJET 132
EAT ME 102
ECHOPPES DU MELLAH 53
ENSEMBLE ARTISANAL 112
ENTREPOTES (L') 105
ENVERS (L') 117
EPICURIEN (L') 117
EQUITY POINT HOSTEL 146
EUROMER & CIEL VOYAGES 132

F

FACTORY'Z 120
FADILA EL GADI 113

FAFA'S BAR – PALAIS SOLEIMAN 78
FAMILLE (LA) 66
FANTASIA CHEZ ALI 120
FERME (LA) 146
FESTIVAL DES RENCONTRES
ET MUSIQUES SOUFIES 32
FESTIVAL DU LIVRE 30
FESTIVAL INTERNATIONAL
DE LA MAGIE 30
FESTIVAL INTERNATIONAL DE SALSA 32
FESTIVAL INTERNATIONAL DU FILM 32
FESTIVAL MARRAKECH DU RIRE 31
FONTAINE MOUASSINE 61
FOUNDOUK (LE) 69
FUEGO LATINO (LE) 128
FUN & FLY – SPORT AWAY 134

G

GALERIE DES TANNEURS 76, 113
GALERIE NOIR SUR BLANC 93, 96
GARGOTES DE LA PLACE
JEMAA EL-FNA 46
GRAND CAFE DE LA POSTE 105
GRAND CASINO DE LA MAMOUNIA 55

H

HERITAGE MUSEUM /
MUSEE DU PATRIMOINE 39
HOTEL DU TRESOR 140
HOTEL WISSAM 140

J

JARDIN ANIMA 126
JARDIN MAJORELLE 13, 96
JARDIN SECRET (LE) 61
JARDINS D'HENIA (LES) 141
JARDINS DE GUELIZ (LES) 102
JARDINS DE LA KOUTOUBIA (LES) 141
JARDINS DE LA MEDINA (LES) 51, 141
JARDINS DE LA MENARA 15, 96

K

KABANA 69
KAFE MERSTAN 66
KASBAH CAFE 49
KASBAH DES ALMOHADES 39
KAWKAB JEUX 122
KECH BURGER 102
KECHMARA (LE) 105

KENZI MENARA PALACE 156
KOSY BAR (LE) 49, 53
KOUBBA EL-BA'ADIYNE 61
KOULCHI ZINE 47
KOUTOUBIA (LA) 17, 40
KUI-ZIN 66

L

LEON L'AFRICAIN 111
LIBRAIRIE CHATR 114
LILA GUELIZ 117
LIMONI 69
LOC 2 ROUES 138
LOFT (LE) 106
LOTUS CLUB 108

M

MABROUKA 44
MACMA 93, 96
MAISON ARABE (LA) 86, 88, 150
MAISON DE LA FRANCE-DAR
MOULAY ALI 62
MAISON DE LA PHOTOGRAPHIE 62
MAISON DU CAFTAN (LA) 74
MAISON DU TISSAGE (LA) 74
MAISON DU TRESOR 147
MAITRES DU PAIN (LES) 100
MAKASSAR (LE) 141
MAMMA MIA 102
MAMOUNIA (LA) 142
MARAJAH SPA 121
MARATHON INTERNATIONAL 29
MARCHE AUX PUCES 88
MARCHE DE LA PLACE DES EPICES 75
MARRAKECH BIKE ACTION 138
MARRAKECH CONNEXION 139
MARRAKECH DANSE FESTIVAL 31
MARRAKECH GRAND PRIX 31
MARRAKECH HENNA ART CAFE 47
MARRAKECH PAINTBALL 121
MARRAKECH RIADS 139
MAUSOLEE YOUSSEF
BEN TACHFINE 40
MAX & JAN 76
MENARA MALL 114
MES'LALLA 127
MOSQUEE AUX POMMES D'OR
OU MOSQUEE DE LA KASBAH 40
MOSQUEE BAB DOUKKALA 83
MOSQUEE BEN YOUSSEF 63
MURANO RESORT 156
MUSEE BOUCHAROUITE 63
MUSEE DAR SI SAÏD 40
MUSEE DE L'ART CULINAIRE 42
MUSEE DE MARRAKECH
(PALAIS MENEBHI) 63
MUSEE MATHAF FARID BELKAHIA 126
MUSEE PIERRE BERGE
DES ARTS BERBERES 96
MUSEE POUR LA CIVILISATION
DE L'EAU AU MAROC 127
MUSEE TISKIWIN OU BERT FLINT 41
MUSTAPHA BLAOUI 88
MY KAWA 98

N

NAJM CAR 138
NAMAZAKE 106
NARANJ 66
NIKKI BEACH 128
NOMAD CAFE 69
NORYA AYRON 114

O

OASIS FESTIVAL 32
ON MARCHE – FESTIVAL INTERNATIONAL
DE DANSE 30
ORIGINAL DESIGN 52
OSCAR PROGRES 47

P

PALAIS DE LA BAHIA 11, 42
PALAIS DONAB 86, 88
PALAIS EL BADI 42
PALAIS SOLEIMAN 20, 71
PALM GOLF 121
PALMA (LA) 102
PALMERAIE (LA) 19, 96, 127
PALMERAIE ET AU-DELA 126
PARENTHESE DE MARRAKECH (LA) 156
PASTA COSY (LE) 127
PATISSERIE DES PRINCES 45
PEPE NERO 49
PLACE DES FERBLANTIERS 42
PLACE DES SEPT SAINTS 84
PLACE JEMA, EL-FNA , ET QUARTIER
DES PALAIS 36
PLACE JEMAA EL-FNA 9, 42
PLACE VENDOME 114
PLANETE DES EPICES 88

POP GALERIE 111
PRETTY LINGE 128
PRINTEMPS DE LA POESIE 30
PRISCILLA QUEEN OF THE MEDINA 147

Q

QUARTIER DES TANNEURS 64
QUARTIER DU MELLAH 18, 42

R

RADISSON BLU HOTEL 153
RELAIS DE MARRAKECH (LE).................. 156
RELAIS DE PARIS (LE)............................ 49
RESTAURANT ANGSANA SI SAID.............. 50
RESTAURANT DE L'ASSOCIATION AMAL.. 104
RIAD AKKA 142
RIAD ALTAIR 151
RIAD BE 151
RIAD BERBERE.. 148
RIAD BIBTIA 148
RIAD CAMILIA 147
RIAD DANKA 148
RIAD DAR ONE 142
RIAD DAVIA 143
RIAD DE TARABEL 142
RIAD EL FENN 149
RIAD HARAKA 151
RIAD KARMELA 149
RIAD KNIZA.. 87
RIAD LE CLOS DES ARTS........................ 143
RIAD LE RIHANI.. 144
RIAD MARIANA.. 149
RIAD MASSIBA.. 144
RIAD MESC EL LIL.. 150
RIAD MONCEAU 51, 144
RIAD TAWARGIT 145
RIAD WOW.. 153
RIAD YASMINE**** 149
RIAD YIMA.. 76
ROOTS TRAVEL.. 134
ROYAL AIR MAROC 132
ROYAL GOLF DE MARRAKECH 121

S

SARAH MAJ 76
SESAMO 108
SHTATTO.. 70
SISMIX.. 31
SISSIMOROCCO 75
SKY LOUNGE (LE)........................... 22, 118
SO LOUNGE 22, 119
SOFITEL MARRAKECH
PALAIS IMPERIAL 153
SOME 116
SOUK AUX CUIRS 78
SOUK AUX CUIVRES................................ 64
SOUK CUISINE.. 56
SOUK KAFE 70
SOUKS (LES) 60
STANDS A JUS DE LA PLACE.................. 54
STREET FOOD A BAB DOUKKALA 85
STUDIO (LE) 106
SULTANA (LA).. 145

T

TABLE DU PALAIS (LA)............................ 70
TAXI VERT 136
TERRASSE DES EPICES............................ 70
TERRASSE DES OLIVIERS (LA) 152
TERRES D'AMANAR 122
THE PEARL MARRAKECH........................ 153
THE QUEEN.. 122
THEATRE ROYAL.. 96
THEATRO (LE) 120
TOBSIL (LE).. 71
TOMBEAUX SAADIENS 43
TOUR DES REMPARTS............................ 44
TRANSAVIA 132
TRANSMAROCAINE 30
TRATTORIA (LA) 106
TURKISH STEAKHOUSE 85

U / V

UN DEJEUNER A MARRAKECH.................. 46
VIA VIA 47
VIE EN ROSE (LA) 124
VILLA CHABI CHIC 116
VILLA DES ORANGERS 51, 146
VILLE NOUVELLE 92
VINCINI BOTTIER 116

W / Y / Z

WARDA LA MOUCHE 53
WINOO.. 98
YAN & ONE.. 116
ZAOUÏA DE SIDI BEL ABBES.................... 84
ZEITOUN CAFE 50
ZWIN ZWIN BOUTIQUE HOTEL ET SPA 146